Eureka !!!

... A Felicidade !!!

Euclydes Barbulho

Eureka!!!

MADRAS

© 2005, Madras Editora Ltda.

Editor:
Wagner Veneziani Costa

Produção e Capa:
Equipe Técnica Madras

Revisão:
Edna Luna
Miriam Rachel Russo Terayama
Neuza Alves

Dados Internacionais de Catalogação na Publicação (CIP)
(Câmara Brasileira do Livro, SP, Brasil)

Barbulho, Euclydes
Eureka!!! A Felicidade/Euclydes Barbulho. — São Paulo: Madras, 2005.
Bibliografia.
ISBN 85-7374-874-5
1. Fábulas 2. Felicidade 3. Metáfora 4. Parábolas
I. Título.
04-3041 CDD-158

Índices para catálogo sistemático:
1. Felicidade : Psicologia aplicada 158

Proibida a reprodução total ou parcial desta obra, de qualquer forma ou por qualquer meio eletrônico, mecânico, inclusive por meio de processos xerográficos, incluindo ainda o uso da internet, sem a permissão expressa da MADRAS Editora, na pessoa de seu editor (Lei nº 9.610, de 19.2.98).

Todos os direitos desta edição reservados pela

MADRAS EDITORA LTDA.
Rua Paulo Gonçalves, 88 — Santana
CEP: 02403-020 — São Paulo — SP
Caixa Postal: 12299 — CEP: 02013-970 — SP
Tel.: (11) 6959-1127 — Fax: (11) 6959-3090
www.madras.com.br

Agradecimentos

A todos os pensadores, poetas e escritores, anônimos ou não, cujas obras, algumas realmente iluminadas por Deus, circulam pela Internet e aos amigos que as enviaram e que me ajudaram a compor parte deste livro e também a tornar minha alma mais leve e dedicada.

Obrigado.

Índice

Apresentação 10
Uma lenda... linda lenda 13
As coisas nem sempre são o que parecem 15
Deus ainda fala com as pessoas 17
Princípio das religiões 19
A partir de hoje... 21
Construindo a morada da felicidade 23
Nosso principal objetivo 25
"Carpe Diem" 28
Dona Felicidade 31
O amor 33
Convide o amor para invadir sua casa 34
O entusiasmo 36
Uma lição de amor 38
Seja forte 41
Vencendo o medo 44
Tolerância 46
De... passagem 47
Lição de vida 49
Preserve... 51
Desejo 53
Felicidade 56
O mais importante 58
Envelhecer sorrindo 60
Viver até 120 anos? Por que não? 62
Ser jovem 64

Mulheres no espelho 66
Você é importante 68
É preciso saber viver 71
Um líder de sucesso 73
Reinventando a vida? 75
Amigo 76
Amigos 78
Aos queridos amigos e amigas 80
Neste mesmo instante 81
Preciso de alguém 84
Nossas orações 86
Coração bobalhão 88
Alguns alcançam o sucesso, outros fracassam... Por que será? 90
Seja brilhante 92
Morrer lentamente 95
Mãos... 97
A outra janela 99
O que realmente vemos... 100
Para meditar e aprender 102
Maneiras de fazer alguém feliz 104
O caminho para a felicidade 106
Livros 108
    Eles Chegaram... A Saga dos Barbulho 108
    Mojud – o Homem com a Vida Inexplicável 109
    O Livro dos Cinco Anéis 111
Projeto de vida 114
Saudades 116
Sabe quem faleceu ontem? 119
Uma razão... uma estação... a vida toda 121
Escola de animais 124
Supermercado do Céu 126
Alcançando objetivos 127
Para que julgar? 129
Poema para o Dia das Mães 132
Meu velho 134
Minha(meu) eterna(o) namorada(o) 136
Uma antiga lenda 138
A paz perfeita 140
Pai-Nosso meditado 142

A discriminação 146
O mundo em que vivemos 148
Coisas boas para se fazer durante os apagões 150
A diferença entre ter e ser 152
Uma manhã no parque 154
A arte de ser escritor 156
Aproveite cada momento 158
O estômago 160
Estratégias para nosso desenvolvimento 162
O poder da oração 164
Educando ou deseducando os filhos? 165
Voe mais alto 168
A força cresce com a luta 170
Os três conselhos 172
A pureza das crianças 175
Mensagem positiva 178
A confiança 180
Flores raras 181
Aprendendo a sentir 183
Mensagem de esperança 186
Ser feliz 188
Arriscar 190
É preciso saber viver 192
O estresse e suas conseqüências 194
   A meditação transcendental 195
   Técnica de relaxamento 196
Rir é o melhor negócio 198
   Pequeno mal-entendido 199
   Conversa entre pai e filho 200
   Freirinha 201
   Os três filhos 202
   Homem x Mulher 202
Encerramento 204
Bibliografia 206

Apresentação

*"A mente pode e deve transformar-se para melhor.
Pode livrar-se das impurezas que a contaminam e
elevar-se ao nível mais elevado.
Todos começamos com as mesmas aptidões, mas,
algumas pessoas as desenvolvem, outras não.
Nós nos acostumamos com facilidade à preguiça da mente,
sobretudo porque muitas vezes essa preguiça se esconde
sob a aparência de atividade: corremos de um lado para outro,
fazemos cálculos e damos telefonemas.
No entanto, tudo isso ocupa apenas os níveis mais
toscos e elementares da mente.
E oculta o que existe de essencial em nós."*
(Dalai Lama)

O que faz a mente do ser humano se desenvolver, crescer, é o estímulo que traz a reflexão, o pensar em algo que se leu, viu ou ouviu.

O ser humano necessita de lazer também para seu cérebro, mas, ficar quatro, cinco, seis ou mais horas diante da televisão, assistindo na maioria das vezes a um besteirol sem sentido, é uma verdadeira perda de tempo.

Quando assistimos a um filme, a um programa de auditório, nossa mente apenas acompanha o desenrolar da história ou do enredo do programa sem refletir, está tudo ali, imagens e sons. Só quando trazem uma mensagem subentendida é que nossa mente faz suas reflexões para entender os porquês.

Se a mesma história fosse ouvida ou lida, iríamos fazer nossa mente criar as imagens que o autor descreve, vendo e sentindo as cores da casa, das montanhas, do lago, do céu estrelado, sentir as emoções dos personagens, ouvir o cantar dos pássaros, do rio, enfim, viver com nossa mente a história contada.

E assim, imaginando, refletindo, pensando no assunto, na história, o ser humano vai desenvolvendo sua mente.

Ouvindo ou lendo notícias, artigos e livros de nossas áreas de atuação vamos adquirindo mais conhecimento sobre elas mesmas e, ainda, lendo outras áreas poderemos desenvolver muito mais nossa mente, aumentando as sinapses de nossos neurônios e, com isso, nossa inteligência, não interessando nossa idade. O cérebro é um dos únicos orgãos que se desenvolvem sempre.

A arte de fazer reflexões sobre o que lemos, vimos, ouvimos ou vivemos estimula nossa imaginação, nossa criatividade, aumentando nossa capacidade de interpretar e vivenciar de maneira mais inteligente e original nossos problemas, nossa vida... na busca pela felicidade.

Nossa intenção, ao escrever este livro, foi a de estimular a reflexão (o que já fizemos há algum tempo em nosso *Reflexões*), fazendo-nos enxergar as várias facetas da vida, aprendendo a vê-la de maneira, talvez, diferente da que estávamos acostumados, para poder vivê-la plenamente e podermos gritar "Eureka".[1]

Todavia, devemos lembrar de que nossas reflexões, nossa vida, devem ser sempre levadas para o lado positivo. Aqueles que só lêem ou ouvem notícias negativas, que só fazem reflexões também negativas sobre elas, terão uma vida negativa, não viverão plenamente com ótima qualidade de vida, com alegria e felicidade.

Já, aqueles que vivenciam e fazem suas reflexões sempre positivamente, com os pés no chão, encontrarão, sem dúvida, uma forma mais inteligente e prazerosa de dirigir suas vidas.

Leia, ouça, observe, siga os pensamentos, reflita, discorde do que está lendo, com um amigo, com o autor. Não queremos ser o dono da verdade, queremos, isso sim, que sua mente seja estimulada, que você se utilize de sua imaginação, coloque a sua criatividade para funcionar e, no fim, possa gritar "EUREKA".

Aproveitamos, para seu deleite, alguns dos melhores pensamentos e histórias que recebemos pela Internet, para ampliar esta obra na busca da felicidade.[2]

Este livro foi escrito para refletirmos sobre seu conteúdo. Se apenas o lermos, sem refletirmos, iremos aproveitá-lo, mas, se pensarmos em cada tema, o aproveitamento e desenvolvimento de nossa mente serão muito maiores.

Reflita... e dê seu grito de... EUREKA.

---

1. Eureka (é modo antigo de se escrever heureca = interjeição. Significa: Achei! Encontrei! Emprega-se quando se achou a solução de algum problema difícil. Conta-se que Arquimedes, estando no banho, descobriu o peso específico dos corpos, pondo-se a gritar: "Eureka, Eureka!", isto é: achei, achei. Forma paralela: eureca. *Dic. Esc. Língua Portuguesa, Dic. Aurélio. Língua Portuguesa.*
2. Os pensamentos, os poemas, as fábulas e os escritos de terceiros, cujos autores citamos ou desconhecemos, por os termos recebido por *e-mail*, estão escritos entre aspas.

"Bom dia...!
Olhe o dia amanhecendo e você vai sentir que,
em quase tudo, há anjos tecendo o alvorecer.
Uns são raios de sol que vêm descendo,
para iluminar o que de bom
a gente sonha fazer.
Outros são canções suaves
que, quando em silêncio,
a gente ouve em toda fonte que jorra,
em cada onda que bate,
em cada sopro de vento,
em cada silvo selvagem,
em cada bicho que corre,
em cada flor ao nascer.
Eles são as fontes de energia e proteção,
presentes em seus planos, desejos, vontades,
em tudo o que o amanhecer inspira.
Só que é preciso fechar os olhos para ver
e ouvir o coração dizendo
que a gente é como gota d'água,
nesse mar imenso do universo,
com o poder infinito de transformar o que é
invisível em cores do arco-íris.
Acredite.
Cada manhã dá luz a um novo dia,
mas é você quem faz nascer a alegria."

Uma lenda... linda lenda...

Somos aquilo em que pensamos.

"Existe uma história de simplicidade linda, que eu gostaria de contar. É uma lenda, um acalanto...
Não sei se é verdade... e não me importo com isso.
Não precisa ser...
Foi há muito tempo... depois do mundo ser criado e da vida completá-lo.
Num dia, numa tarde de céu azul e calor ameno.
Um encontro entre Deus e um de Seus incontáveis anjos.
Acredita?
Deus estava sentado, calado. Sob a sombra de um pé de jabuticaba.
Lentamente, sem pecado, Deus erguia Suas mãos e então colhia uma ou outra fruta.
Saboreava Sua criação negra e adocicada.
Fechava os olhos e pensava.
Permitia-se um sorriso piedoso.
Mantinha Seu olhar complacente.
Foi então que, das nuvens, um de Seus muitos arcanjos desceu e veio em sua direção.
Já ouviu a voz de um anjo?
É como o canto de mil baleias.
É como o pranto de todas as crianças do mundo.
É como o sussurro da brisa.
Ele tinha asas lindas... brancas, imaculadas.
Ajoelhou-se aos pés de Deus e falou:
— Senhor...visitei Sua criação, como pediu.
Fui a todos os cantos.
Estive no sul, no norte.
No leste e no oeste.
Vi e fiz parte de todas as coisas.
Observei cada uma de suas crianças humanas.
E, por ter visto, vim até o Senhor... para tentar entender.
Por que? Por que cada uma das pessoas sobre a Terra tem apenas uma asa?
Nós anjos temos duas... podemos ir até o amor que o Senhor representa sempre que desejarmos.
Podemos voar para a liberdade sempre que quisermos.
Mas, os humanos, com sua única asa, não podem voar.
Não podem voar com apenas uma asa...
Deus, na brandura dos gestos, respondeu pacientemente ao Seu anjo.
— Sim... eu sei disso. Sei que fiz os humanos com apenas uma asa...

Intrigado, com a consciência absoluta de seu Senhor, o anjo queria entender e perguntou.

— Mas, por que o Senhor deu aos homens apenas uma asa, quando são necessárias duas asas para se poder voar... para se poder ser livre?

Conhecedor que era de todas as respostas, Deus não teve pressa para falar.

Comeu outra jabuticaba, escura e suave.

Então respondeu...

— Eles podem voar, sim, meu anjo.

Dei aos humanos apenas uma asa para que eles pudessem voar mais e melhor que Eu ou vocês, meus arcanjos...

Para voar, meu amigo, você precisa de suas duas asas...

Embora livre, sempre estará sozinho.

Talvez da mesma maneira que Eu...

Mas, os humanos... os humanos com sua única asa precisarão sempre dar as mãos para alguém a fim de terem suas duas asas.

Cada um deles tem, na verdade, um par de asas... uma outra asa em algum lugar do mundo que completa o par.

Assim eles aprenderão a se respeitarem, pois, ao quebrar a única asa de outra pessoa, podem estar acabando com as suas próprias chances de voar.

Assim, meu anjo, eles aprenderão a amar verdadeiramente outra pessoa... aprenderão que somente permitindo-se amar eles poderão voar.

Tocando a mão de outra pessoa em um abraço correto e afetuoso, poderão encontrar a asa que lhes falta... e poderão finalmente voar.

Somente pelo amor irão chegar até onde estou... assim como você, meu anjo.

E eles nunca... nunca estarão sozinhos quando forem voar.

Deus silenciou em seu sorriso.

O anjo compreendeu o que não precisava ser dito."

E nós, será que compreendemos essa sabedoria Divina? Será que sabemos preservar essa asa que nos completa? Ou a dispensamos por qualquer motivo fútil? Ou, como diz o ditado popular, arrastamos nossa asa para quem nada tem a ver conosco?

A falta de amor, a ausência da compreensão e do diálogo, o materialismo, representado pelo consumismo exagerado, traz a insatisfação e, com ela, a intolerância, que desune os casais.

Faça sua reflexão e preserve sua asa alada para nunca estar sozinho. Para voar até o céu com harmonia e paz.

É o amor...

> Um ser humano só se tornará sábio
> quando colocar em prática tudo o que
> tiver lido, visto e aprendido
> e não quando quiser sê-lo
> apenas por suas palavras.

As coisas nem sempre são o que parecem

*"Encontrarás a verdade
e ela te libertará."*
(Jesus/João)

Dois Anjos viajantes pararam para passar a noite na casa de uma família muito rica. A família era rude e não permitiu que os Anjos ficassem no quarto de hóspedes da mansão. Em vez disso, deram aos Anjos um espaço pequeno no frio sótão da casa. À medida que eles faziam a cama no duro piso, o Anjo mais velho viu um buraco na parede e o tapou. Quando o Anjo mais jovem perguntou: — Por que?, o Anjo mais velho respondeu: — As coisas nem sempre são o que parecem.

Na noite seguinte, os dois anjos foram descansar na casa de um casal muito pobre, mas o senhor e sua esposa eram muito hospitaleiros. Depois de compartilhar a pouca comida que a família pobre tinha, o casal permitiu que os Anjos dormissem na sua cama, na qual eles poderiam ter uma boa noite de descanso.

Quando amanheceu, no dia seguinte, os anjos encontraram o casal banhado em lágrimas. A única vaca que eles tinham, cujo leite havia sido a única entrada de dinheiro, jazia morta no campo. O Anjo mais jovem estava furioso e perguntou ao mais velho: — Como você permitiu que isto acontecesse? O primeiro homem tinha de tudo e, no entanto, você o ajudou — o Anjo mais jovem o acusava. — A segunda família tinha pouco, mas estava disposta a compartilhar tudo, e você permitiu que a vaca morresse.

— As coisas nem sempre são o que parecem — respondeu o anjo mais velho. — Quando estávamos no sótão daquela imensa mansão, notei que havia ouro naquele buraco da parede. Como o proprietário estava obcecado com a avareza e não estava disposto a compartilhar sua boa sorte, fechei o buraco de maneira que ele nunca mais o encontrasse.

— Depois, ontem à noite, quando dormíamos na casa da família pobre, o anjo da morte veio em busca da mulher do agricultor. E eu lhe dei a vaca em seu lugar. As coisas nem sempre são como parecem.

Algumas vezes, isso é exatamente o que acontece quando as coisas não saem da maneira como esperávamos. Se tivermos fé, somente necessitamos confiar que sejam quais forem as coisas que aconteçam, sempre serão uma vantagem para nós. E, talvez, se não refletirmos a tempo, venhamos a compreender isto só um pouco mais tarde... e, às vezes, tarde demais...

Nada acontece por acaso... esteja sempre atento.

"Eu acredito no sol, mesmo quando
ele não ilumina a terra.
Eu acredito no amor, mesmo quando
não o sinto.
Eu acredito em Deus, mesmo quando
não percebo Suas
manifestações."

"Um homem sussurou: — Deus, fale comigo... E um rouxinol
começou a cantar, mas o homem não ouviu. Então
o homem repetiu: — Deus, fale comigo! E um trovão
ecoou nos céus, mas o homem foi incapaz de ouvir. O homem olhou
em volta e disse: — Deus, deixe-me vê-lo, e uma estrela
brilhou no céu, mas o homem não a notou.
O homem começou a gritar: — Deus, mostre-me um milagre!
E uma criança nasceu, mas o homem não sentiu o
pulsar da vida. Então o homem começou a chorar e a
desesperar-se: — Deus, toque-me e deixe-me sentir
que você está aqui comigo... E uma borboleta pousou
suavemente em seu ombro; o homem espantou a
borboleta com a mão e, desiludido, continuou o seu
caminho triste, sozinho e com medo."
(Prece Indígena —
Tradução e adaptação do Livro
"By San Etioy")

Até quando manteremos nossos olhos
e nossos corações fechados para o milagre da
vida que se apresenta diante de nós em todos os momentos?

Deus ainda fala com as pessoas

"Ouve a tua consciência e O encontrarás."

Um jovem foi para o estudo bíblico numa noite de quarta-feira. O Mestre dividiu sua fala entre ouvir a Deus e obedecer às palavras do Senhor. O jovem não pôde deixar de querer saber se "Deus ainda fala com as pessoas".

Após o estudo, ele saiu para tomar um café com os amigos e eles discutiram a mensagem. De formas diversas, eles falaram como Deus tinha conduzido suas vidas de maneiras diferentes.

Eram aproximadamente 22 horas quando o jovem começou a dirigir-se para casa. Sentado em seu carro, ele começou a pedir:

— Deus! Se ainda falas com as pessoas, fala comigo. Eu irei ouvi-Lo e farei tudo para obedecê-Lo.

Enquanto dirigia pela rua principal da cidade, ele teve um pensamento muito estranho: — Pare e compre um galão de leite. Ele balançou a cabeça e falou alto: — Deus, é o Senhor?

Ele não obteve resposta e continuou se dirigindo para casa. Porém, novamente, surgiu o pensamento: — Compre um galão de leite. O jovem pensou em Samuel e como ele não reconheceu a voz de Deus, e como Samuel correu para Eli.

— Muito bem, Deus! No caso de ser o Senhor, eu comprarei o leite.

Isso não parece ser um teste de obediência muito difícil. Ele poderia também usar o leite. O jovem comprou o leite e reiniciou o caminho de casa. Quando passava pela sétima rua, novamente teve outro pensamento estranho: — Vire naquela rua. Isso é loucura, pensou, e passou direto pelo retorno.

Novamente ele sentiu que deveria ter virado na sétima rua. No retorno seguinte, virou e dirigiu-se à sétima rua. Meio brincalhão, ele falou alto: — Muito bem, Deus. Eu farei. Ele passou por algumas quadras quando, de repente, pressentiu que deveria parar.

Brecou o carro e olhou em volta. Era uma área mista de comércio e residências. Não era a melhor área, mas também não era a pior da vizinhança. Os estabelecimentos estavam fechados e a maioria das casas estavam escuras, como se as pessoas já tivessem ido dormir, exceto uma, do outro lado da rua, que estava com as luzes acesas.

Novamente, sentiu algo estranho: — Vá e dê o leite para as pessoas que estão naquela casa do outro lado da rua. O jovem olhou a casa. Começou a abrir a porta, mas voltou a sentar-se no carro.

— Senhor, isso é uma loucura. Como posso ir para uma casa estranha no meio da noite? Mais uma vez, ele sentiu que deveria ir e dar o leite. Finalmente, abriu a porta do carro.

— Muito bem, Deus, se é o Senhor, eu irei e entregarei o leite àquelas pessoas. Se o Senhor quer que eu pareça uma pessoa louca, muito bem. Eu quero ser obediente. Acho que isso vai contar para alguma coisa; contudo, se eles não responderem imediatamente, vou embora daqui.

Atravessou a rua e tocou a campainha. Pôde ouvir um barulho vindo de dentro, parecido com o choro de uma criança. A voz de um homem soou alto: — Quem esta aí? O que você quer?

A porta abriu-se antes que o jovem pudesse fugir. Em pé, estava um homem vestido de *jeans* e camiseta. Tinha um olhar estranho e não parecia feliz em ver um desconhecido em pé na sua soleira. — O que é?, perguntou. O jovem entregou-lhe o galão de leite. — Comprei isto para vocês.

O homem pegou o leite e correu para dentro da casa falando alto. Depois, uma mulher passou pelo corredor carregando o leite e foi para a cozinha. O homem seguia-a segurando nos braços uma criança que chorava. Lágrimas corriam pela face do homem e ele começou a falar, meio que soluçando:

— Nós oramos. Tínhamos muitas contas para pagar este mês e nosso dinheiro havia acabado. Não tínhamos mais leite para o nosso bebê. Apenas rezei e pedi a Deus que me mostrasse uma maneira de conseguir leite. Neste instante, sua esposa gritou lá da cozinha: — Pedi a Deus para mandar um anjo com um pouco... Você é um anjo?

O jovem pegou sua carteira, tirou todo o dinheiro que havia nela e colocou-o nas mãos do homem. Voltou-se e foi para o carro, enquanto as lágrimas corriam por sua face. Ele experimentou que Deus ainda responde aos nossos pedidos.

É só abrirmos nosso coração, nossa fé e fazermos nosso pedido em nossas orações, que Ele ouve.

Acredite... tenha fé...

Há uma grande diferença entre religião e espiritualidade.
Enquanto a religião diz respeito aos ensinamentos de dogmas, rituais e orações religiosas, a espiritualidade está relacionada com as qualidades do espírito humano como a compaixão, a tolerância, o amor, a paciência, o perdoar, a alegria, a responsabilidade e a harmonia que trazem a felicidade tanto para a pessoa quanto para os que a cercam.
Não adiantará sermos religiosos se não tivermos e não vivenciarmos a espiritualidade.

Princípio das religiões

"Se Deus está conosco, quem estará contra nós?"

SE FOR BUDISTA:
"De cinco maneiras um verdadeiro líder deve tratar seus amigos e dependentes: com generosidade, com cortesia, com benevolência, dando o que eles esperam receber e sendo tão fiel quanto a sua própria palavra."
SE FOR CRISTÃO:
"... tudo quanto queres que os outros façam para ti, faças também para eles..."
SE FOR CONFUCIONISTA:
"Não faças aos outros aquilo que não queres que eles te façam."
SE FOR ESPÍRITA:
"A caridade e a fraternidade devem estar no coração do ser humano em todos os seus atos, o que fizeres aos outros será feito a você."
SE FOR HINDUÍSTA:
"Não faças aos outros aquilo que, se a ti fosse feito, causar-te-ia dor."
SE FOR ISLAMITA:
"Ninguém pode ser um crente até que ame o seu irmão como a si mesmo."
SE FOR DO JAINISMO:
"Na felicidade e na infelicidade, na alegria e na dor, precisamos olhar todas as criaturas assim como olhamos a nós mesmos."
SE FOR SIKHISTA:
"Julga aos outros como a ti mesmo julgas. Então participarás do Céu."
SE FOR TAOÍSTA:
"Considera o lucro do teu vizinho como teu próprio e o seu prejuízo como se também fosse teu."
SE FOR ZOROASTRISTA:
"A Natureza só é amiga quando não fazemos aos outros nada que não seja bom para nós mesmos."

Não custa repetir os principais lemas das religiões, cercada de espiritualidade, nesta hora crucial por que passa a humanidade neste início de século. Todo ser humano deveria adotar esses princípios em seu dia-a-dia para ter uma vida plena de paz, amor e felicidade, independentemente de suas crenças.

Como podemos concluir, todas as religiões, em sua essência, pregam o Bem (a espiritualidade). Infelizmente, o fanatismo, de quem pratica qualquer uma delas é que distorce sua essência, sua pureza de princípios e leva o ser humano a uma vida de caos.

Tanto as religiões orientais, em que os fanáticos, hoje denominados fundamentalistas, desejam manter puras (ou distorcidas), como eram há mais de mil anos, como as ocidentais, cristãs, em que os seguidores, também fundamentalistas, deturpam as pregações de amor e se fanatizam, deixam de cumprir sua principal finalidade que, como vimos, é o respeito e o amor ao seu semelhante.

Nenhum Deus, Alá ou Entidade Superior criou seus filhos para que sejam explorados, sacrificados ou mortos por seus semelhantes; quem criou essas opções foram os homens com a deturpação dos ensinamentos de sua divindade, deixando-se levar pela ganância, pela luxúria, pelo egoísmo, pela ignorância ou pelo poder, ignorando a espiritualidade inerente a cada um.

Fomos criados, como seres humanos, para o trabalho, para a paz, para o amor, para a união e para a felicidade de todos.

"Amai-vos, irmãos, uns aos outros."

> Deus, em Sua infinita bondade, sempre diz: "amém" às nossas afirmações, às nossas súplicas:
> Se você diz: eu sou infeliz, Ele diz amém.
> Se você diz que não tem sorte, Ele diz amém.
> Se você diz que não tem amor, Ele diz amém.
> Se você diz que goza saúde, Ele diz amém.
> Se você diz que ama e é amado, Ele diz amém.
> Se você diz que é feliz, Ele diz amém.
> O que você vai afirmar daqui para a frente?

A partir de hoje...

*"Para que repetir os erros
antigos quando há tantos
erros novos a cometer?"*
(Bertrand Russel)

A partir de hoje, não mais lamente o dia de ontem. Ele está no passado e o passado nunca mudará.

Você só pode mudar o hoje se for essa a sua escolha.

A partir de hoje, não mais se preocupe com o amanhã.

O amanhã sempre estará lá esperando por você para torná-lo o melhor possível. Mas você não pode fazer o melhor pelo amanhã sem primeiro fazer o melhor hoje.

Ou seja, podemos concluir que devemos sempre pensar positivamente e olhar para o nosso passado apenas para tirar lições que podem nos ser úteis no presente e no futuro, mas não as repetindo.

Devemos olhar o futuro como algo que podemos planejar e almejar, mas, sempre tendo em vista que, para lá chegar, é preciso viver plenamente o hoje.

Se pudéssemos tirar uma radiografia de nossa mente, iríamos ver que somos hoje (presente) o que pensamos ontem (passado) e que amanhã (futuro) seremos o que estivermos pensando hoje.

Esteja sempre atento no que estiver pensando e vivendo hoje, pois os pensamentos se refletirão em seu amanhã. Como vimos antes, se dissermos que somos infelizes, Deus dirá amém e seremos infelizes realmente.

Se dissermos que não temos sorte, realmente não a teremos; é por essa razão que devemos sempre pensar de maneira positiva, pois Deus, dizendo amém, tornar-nos-á o que pensamos: felizes, com sorte, amados, com saúde, etc.

Viva o dia de hoje da melhor maneira possível como se fosse o último dia que fosse viver: com amor e alegria e sua felicidade será perene.

" Os treze passos para o bem de si mesmo
1 — Por mais que lhe falem de tristeza...
prossiga sorrindo.
2 — Por mais que lhe demonstrem rancor...
prossiga perdoando.
3 — Por mais que lhe tragam decepções...
prossiga confiando.
4 — Por mais que lhe ameacem de fracassos...
prossiga apostando na vitória.
5 — Por mais que lhe apontem erros...
prossiga com seus acertos.
6 — Por mais que discursem sobre a ingratidão...
prossiga ajudando.
7 — Por mais que noticiem a miséria...
prossiga crendo na prosperidade.
8 — Por mais que lhe mostrem destruição...
prossiga na construção.
9 — Por mais que lhe acenem doenças...
prossiga vibrando saúde.
10 — Por mais que exibam ignorância...
prossiga exercitando sua inteligência.
11 — Por mais que o assustem com a velhice...
prossiga sentindo-se jovem.
12 — Por mais que plantem o mal...
prossiga semeando o bem.
13 — Por mais que lhe contem mentiras...
prossiga na verdade."
(Silvia Schmidt)

Construindo a morada da felicidade

*"Três elementos são capazes
de fazer feliz uma pessoa:
DEUS, um amigo e um livro."*
(Lacordaire)

Por mais difíceis que possam-lhe parecer essas treze tarefas, prossiga acreditando na capacidade que Deus lhe deu para cumpri-las.

E se disserem que 13 é o número de azar, lembre-se que sua sorte não depende de um número, mas, sim, de quanto você acredita e trabalha para atingi-la.

Só você pode construir a morada de sua felicidade.

A felicidade não nos chega do nada, ela tem de ser construída fator por fator por envolver fatores aparentemente complexos. Podemos compará-la à construção de uma casa.

Por maior que seja, por maior dificuldade que possa apresentar, sempre tem início com a colocação do primeiro tijolo e, tijolo por tijolo, quando menos esperamos, lá está ela: pronta e soberba para morarmos, trazendo-nos satisfação. E tudo começou com o planejamento e a colocação do primeiro tijolo.

Assim também poderemos fazer na busca de nossa felicidade: planejando e começando com o primeiro tijolo, como, por exemplo, eliminando o ódio de nosso coração, a raiva e a vingança de nossa mente. E, ao término da colocação desses primeiros tijolos, teremos a primeira parede terminada, a parede da paz. E será mais fácil do que pode parecer construí-la: apenas perdoando, apenas abrindo o coração.

Comece a segunda parede em sua morada da felicidade, colocando amor em tudo o que você fizer. Se, por acaso, não gostar do que está fazendo, passe a gostar. É só uma questão de mudança de atitude, tudo está em nossa mente e ela pode ser mudada. Trate seu semelhante como gostaria de ser tratado; releve falhas, suas e de seus semelhantes; afinal, são seres humanos sujeitos a falhar. Poderemos chamar essa parede de parede do amor universal.

A construção da terceira parede, a da participação, poderá dar um pouco de trabalho, mas, em compensação, dar-lhe-á muita satisfação. Participe dos programas de voluntariado por meio de sociedades de benemerência, de clubes de serviço, particularmente, mas participe sempre. Até por uma simples palavra poderemos estar ajudando alguém. Ao final, sentirá que quem foi mais ajudado foi você, pois terá um grande sentimento de humanidade que lhe trará paz e satisfação pelo dever cumprido.

A quarta parede é a mais fácil e gostosa de ser construída: é a parede da amizade. Um tijolo poderá ser o tijolo da lealdade, o outro da sinceridade, mais um, o da verdade, mais outro, agora o da alegria, o do estender a mão quando necessário e assim até completarmos a parede da verdadeira amizade com um milhão de amigos que nos proporcionarão uma vida plena de alegrias.

Para darmos o acabamento final à nossa morada da felicidade, vamos cultivar sempre o pensamento positivo.

Essa morada, construída com todos esses fatores positivos, será tão resistente que nada poderá destruí-la. A sua base é sólida pois foi construída com as virtudes do coração.

Usufrua de sua morada da felicidade.

"Quando enfrentar os desafios de todas as experiências;
quando conseguir ser crucificado pelos atos errôneos dos outros
e, mesmo assim, retribuir com amor e perdão, mantendo
intacta a sua divina paz interior, terás conhecido
a verdadeira felicidade."
(Paramahansa Yogananda)

Nosso principal objetivo

*"Não é a força, mas a constância
dos bons sentimentos que
conduz os homens à felicidade."*
(Friedrich Nietzsche)

Qual é o principal objetivo do ser humano? Será que é ser o homem mais rico? Será que é possuir o poder? Será que é ganhar aquela corrida? Atingir aquela marca? Conquistar aquele(a) gato(a)? Ou o que será? Não será... encontrar a felicidade?

De acordo com alguns de nossos dicionários, "felicidade é igual a ventura, contentamento, bem-estar, boa sorte". Já feliz significa "afortunado, próspero, satisfeito, ditoso, abençoado".

Será que se só tivermos fortuna, poder, se ganharmos aquela corrida, se atingirmos aquela marca, se conquistarmos aquele(a) gato(a), etc. seremos felizes? Claro que sim, naquele momento, mas, e depois...?

Existem muitos pontos que podem nos levar à felicidade e muitos outros que nos levam à infelicidade. Vamos analisar alguns:

Sabemos, apesar de não lhes darmos a devida atenção, que os comportamentos e as emoções negativas nos são prejudiciais, tanto para nossa saúde física como para nossa saúde mental e nossa felicidade e quanto nos são benéficos nossos comportamentos e emoções positivas.

Os comportamentos e as emoções negativas são perniciosos não só para nós, em termos pessoais, mas, para nossa família, para a sociedade, para o mundo e para o futuro, pela energia negativa que é criada.

Temos de nos conscientizar que são: o ódio, a raiva, o ciúme, entre outros, os estados mentais que destroem nossa verdadeira felicidade.

Enquanto mantivermos nossos corações com ódio, com rancor e com outras emoções negativas, as outras pessoas também nos parecerão hostis e nós assim as veremos, resultando-nos medo, inibição, hesitação e, principalmente, uma sensação de insegurança. São esses sentimentos negativos que nos levam à solidão, pois vemos o mundo como hostil e pleno de ódio.

Todavia, os estados mentais como a bondade, o amor, a compaixão, a generosidade, o carinho, abrem nossa porta interior com a qual podemos nos comunicar com os outros com maior facilidade, conferindo-nos um espírito de amizade e com ele eliminamos os sentimentos de medo, de insegurança, gerando nos outros (por nossa energia positiva) também uma sensação de confiança, o que nos é benéfico e nos leva a uma melhor saúde mental, física e espiritual que podemos traduzir como felicidade.

Se encontrar a felicidade fosse apenas uma questão de trocar as atitudes e emoções negativas pelas positivas, por que haveria tanta gente infeliz no mundo?

Primeiramente, analisemos as palavras de Dalai Lama sobre a felicidade:

" – Alcançar a verdadeira felicidade pode exigir uma transformação na nossa perspectiva, nosso modo de pensar, e isso não é nada simples. É necessária a aplicação de muitos fatores diferentes provenientes de direções diferentes. Não se deveria ter a idéia, por exemplo, de que há apenas uma solução, um segredo e de que, se a pessoa conseguir acertar qual é, tudo dará certo... Para alcançar a felicidade, precisa-se de uma variedade de abordagens e métodos para lidar com os vários e complexos estados mentais negativos e superá-los. E, se a pessoa está procurando superar certos modos negativos de pensar, não é possível conseguir isso apenas com a adoção de um pensamento específico ou a prática de uma técnica uma vez ou duas. A mudança demora. Mesmo a mudança física leva tempo. Por exemplo, se a pessoa está mudando de um clima para outro, o corpo precisa de tempo para se adaptar ao novo ambiente. E, da mesma forma, transformar a mente leva tempo. São muitos os traços mentais negativos, e é necessário lidar com cada um deles e neutralizá-los. Isso não é fácil. Exige a repetida aplicação de várias técnicas e a dedicação de tempo para familiarização com as práticas. É um processo de aprendizado."

"Creio, porém, que, à medida que o tempo vai passando, podemos realizar mudanças positivas. Todos os dias, ao acordar, podemos desenvolver uma motivação positiva sincera, pensando: Vou utilizar este dia de um modo mais positivo. Eu não deveria desperdiçar justamente este dia. E depois, à noite, antes de nos deitarmos, poderíamos verificar o que fizemos com a pergunta. — Será que utilizei este dia como planejava? Se tudo correu de acordo com o planejado, isso é motivo para júbilo. Se não deu certo, deveríamos lamentar o que fizemos e passar uma crítica do dia. Assim, através de métodos como esses, é possível aos poucos fortalecer os aspectos positivos da mente." (*A Arte da Felicidade* — Dalai Lama e Howard C. Cutler).

Analisando por outro ângulo e verificando os resultados obtidos por especialistas em genética, por psicólogos, por cientistas políticos e por estatísticos do mundo, o ser humano está se sentindo cada vez mais feliz. Essa afirmação poderia ser interpretada como um contra-senso se pensarmos, não como Dalai Lama, mas como um grande contingente de seres humanos pensam. — Como o mundo poderá ser mais feliz se a pobreza e a miséria nunca foram tão grandes, se as diferenças sociais nunca foram tão alarmantes?

De acordo com os estudiosos no assunto, nos países mais ricos, como Estados Unidos, Alemanha e Japão, por exemplo, o índice medido de felicidade é muito menor do que o de outros países em que a riqueza é menor, como a Índia, por exemplo, jogando por terra as alegações daqueles que acreditam que se fossem mais ricos seriam mais felizes.

Foi provado, por estudos científicos, que aqueles que ganham na loteria, ficam mais felizes por um ou dois anos, depois retornam aos índices anteriores de felicidade. O mesmo acontece para quem sofre uma grande perda. Depois de um período de infelicidade, a pessoa retorna ao seu nível anterior de felicidade.

Podemos concluir que nossa felicidade (a minha, a sua, a dele) não está estritamente vinculada à riqueza, ao sexo, à idade, à raça, à educação ou somente à nossa composição genética (que pode ser um fator importante, mas não explica tudo) que nos traz a felicidade. Se juntarmos os fatores comportamentais e emocionais positivos com as explicações de Dalai Lama, poderemos afirmar que ser feliz, ter felicidade, é um estado de espírito que conseguimos atingir depois de algum tempo praticando valores positivos, como o amor, a solidariedade, a participação em grupos de auxílio na comunidade carente, ter bons amigos, ser humilde, ser expressivo.

Você sentirá que é dando que mais se recebe, que é participando que mais nos realizamos. E, se a felicidade está ao nosso alcance, por que postergarmos sua conquista, por que não começarmos a mudar nossas atitudes, nossas emoções, agora mesmo?

"Quase sempre a maior ou menor felicidade depende do grau da decisão de ser feliz."
(Abraham Lincoln)

Será porque dá muito trabalho ou será porque vivemos numa sociedade apática que prefere os atalhos, aparentemente, mais fáceis de trilhar, que se conforma com a situação em vez de arregaçar as mangas e ir à luta, em vez de estender a mão a quem precisa ou quando convidada a participar se pergunta: — E quanto eu levo nisso? E, por comodidade, insensatez, egoísmo ou outras emoções negativas, continua na busca incessante da felicidade, sem nunca encontrá-la, apenas encontrando-a em momentos fugazes. (Esses afirmam que a felicidade não existe, existem apenas momentos felizes.)

Com sua vontade e determinação, quebre essa cadeia que aprisiona sua felicidade e viva intensamente e feliz.

"Afasta-te durante algum tempo por dia
de tuas preocupações, liberando a ti mesmo das
pressões e dos conflitos;
Medita, ora em sentimento; alimenta tua tela mental
com lembranças agradáveis
revivendo períodos felizes; ouve música relaxante;
desenvolve um firme propósito de manter a disciplina interna e
encontrarás Jesus a te dizer: — A minha paz vos dou."
(Wilson Cerqueira)

"Carpe Diem"
(Aproveite o dia de hoje)

*"Nosso cérebro é o melhor brinquedo
já criado: nele se encontram todos
os segredos, inclusive o da felicidade."*
(Charles Chaplin)

A expressão Carpe Diem pode ser interpretada de várias maneiras:
1 — Aproveitar o dia = nada fazer, ócio, preguiça
2 — Aproveitar o dia = fazer tudo nesse dia
3 — Aproveitar o dia = nem oito, nem oitenta

Há muitas pessoas que, em vez de aproveitar o dia, hoje, deixam para aproveitá-lo amanhã ou quando tiverem um aumento de salário, uma promoção, quando tiverem uma folga, quando se aposentarem. "Aí, sim, com a aposentadoria, poderei aproveitar a vida, curtir o descanso." (muitas vezes o eterno)

Costumo afirmar que aproveitar o dia não é ficar diante da televisão assistindo, na maioria das vezes, um monte de asneiras ou dormindo. Se formos seguir os desejos de nosso corpo e, às vezes de nossa mente, passaríamos o dia na cama, que é muito melhor do que se cansar por aí, para realizar sonhos, para fazer o que é necessário.

Assistir televisão ou dormir o dia todo não é aproveitar o dia e, sim, desperdiçar o dia. De vez em quando até que é bom, mas, sempre... passa a ser preguiça e sabemos o mal que ela faz.

Já, para outros, aproveitar o dia é trabalhar o dia todo, folgando só para dormir apenas algumas poucas horas. Também, nesse caso, de vez em quando até que é útil. Mas, sempre, como muitos fazem, é estressante e leva à doença.

Vimos que nem o oito e nem o oitenta são atitudes corretas e, sim, exagero. Precisamos aprender a dosar tanto um quanto o outro.

Muitas pessoas se frustram, não conseguem sobressair no emprego, no empreendimento próprio ou na sociedade em que vivem por não quererem se expor, correr riscos, por se acomodarem, por julgarem ser mais fácil continuar na vidinha de sempre, só que terminam frustrados e infelizes por não se realizarem, tornando-se mais um na sociedade em que vivem.

Outras, ao contrário, só pensam em se realizar profissionalmente, em crescer na empresa, no negócio próprio e, por não colocarem limites, querendo aproveitar todo o tempo disponível, terminam ficando doentes, com estresses e alguns morrem.

Foi o caso daquele estudante de química que sonhava ter sua empresa e crescer. Começou seu empreendimento na garagem e foi crescendo.

Quando se formou, já havia alugado um pequeno galpão que logo se tornou pequeno quando começou a fornecer tinta para a indústria automobilística e teve de comprar um galpão maior. Casou, teve duas filhas, que nem viu crescer, por causa do crescimento da empresa que já estava com quatrocentos e cinqüenta empregados. Em vinte anos de trabalho, conseguiu sair da garagem da casa para uma empresa com instalações próprias e já pensando em crescer mais. Foi uma vitória, só que custou muito caro.

Nas vésperas do fim de ano, em que continuava a trabalhar de doze a quatorze horas por dia, numa sexta-feira, logo depois do almoço, teve um enfarto do miocárdio fulminante, vindo a morrer antes de chegar ao hospital, nos seus 43 anos. (essa história é verídica)

Valeu a pena tanto sacrifício? Acredito que não... mas as pessoas acreditam que com elas não vai acontecer, afinal não estão sentindo nada. Precisamos aprender a aproveitar o tempo, nem com oito, nem com oitenta, mas, dividindo-o em várias partes, como por exemplo:

Tempo para a realização de nossos sonhos profissionais, tempo para trabalhar para ganharmos o pão nosso de cada dia.

Tempo para a realização de nossos sonhos de lazer, para conhecer novos lugares, para assistir a um bom filme, para comer uma *pizza* com a família ou com os amigos, para descansar, de vez em quando, em frente da televisão.

Tempo para a família, que pode incluir o tempo de lazer, mas, também é preciso o tempo para uma conversa com a esposa, com os filhos, com os pais, com os irmãos, etc.

Tempo para atuar voluntariamente nas entidades de benemerência.

Tempo para os amigos. São as amizades que também nos proporcionam satisfações e alegrias.

Tempo para você. Quanto tempo você se dedica conscientemente? Bem pouco, não é verdade, se é que dedica. Pense no aprimoramento de seus conhecimentos com a leitura de bons livros, de um curso, na sua beleza física (não engorde demais, faça exercícios físicos, pelo menos ande, não abuse do sol, das bebidas, etc.), pois a sua beleza interior você já vem aprimorando lendo este e outros livros do mesmo gênero. Tenha tempo para suas orações, para suas conversas com Deus.

Assim, dividindo e curtindo seu tempo adequadamente, com vontade e determinação, você poderá, com a alegria e a felicidade estampada em sua fisionomia, falar alto e em bom tom: "CARPE DIEM".

Não tenha medo de ser feliz...

"Não sei...
se a vida é curta ou longa demais, mas sei que nada
do que vivemos tem sentido, se não tocamos o
coração das pessoas.
Muitas vezes basta ser: colo que acolhe, braço
que envolve, palavra que conforta, silêncio que
respeita, alegria que contagia, lágrima que corre, olhar que acaricia,
desejo que sacia, amor que promove.
E isso não é coisa de outro mundo, é o que dá
sentido à vida. É o que faz com que ela não seja
nem curta, nem longa demais, mas que seja intensa,
verdadeira, pura... enquanto durar."

Dona Felicidade

*"Ninguém encontrará a Felicidade
sem encontrar primeiro
a sabedoria no coração."*
(Wilson Cerqueira)

"Oi!
Meu nome é Felicidade.
Faço parte da vida daqueles que têm amigos, porque quem tem amigos é feliz!
Faço parte da vida daqueles que vivem cercados por pessoas como você, pois viver assim é ser feliz!
Faço parte da vida daqueles que acreditam que ontem é passado, amanhã é futuro, hoje é uma dádiva e por isso é chamado PRESENTE.
Faço parte daqueles que acreditam na força do amor, que acreditam que, para uma história bonita, não há ponto final.
Eu sou casada, sabiam?
Sou casada com o Tempo, ele é responsável pela resolução de todos os problemas.
Ele reconstrói corações, ele cura machucados e vence a Tristeza...
Juntos, eu e o Tempo tivemos três filhos:
a Amizade, a Sabedoria e o Amor.
A Amizade é uma menina linda e sincera, alegre. Brilha como o sol. Une pessoas, pretende nunca ferir, sempre consolar.
A do meio é a Sabedoria, culta, íntegra, sempre foi mais apegada ao pai, o Tempo.
A Sabedoria e o Tempo sempre andam juntos.
O caçula é o Amor.
Ah! Como esse me dá trabalho!
É teimoso, às vezes decide encantar apenas um coração...
Eu vivo dizendo:
Amor, você foi feito para unir dois corações e não infiltrar-se em apenas um.
O Amor é complexo mas é lindo, muito lindo!
Quando ele começa a fazer estragos, eu chamo logo o pai dele, o Tempo, e aí o Tempo sai fechando todas as feridas que o Amor abriu!
Tudo no final sempre dá certo, se ainda não deu, é porque não chegou o final.
Por isso, acredite sempre na minha família. Acredite no Tempo, na Amizade, na Sabedoria e, principalmente, no Amor.

Aí, com certeza, um dia eu, a Felicidade, baterei à sua porta!
Tenha Tempo para todos os sonhos.
Eles conduzem sua carruagem para as estrelas.
Tenha um ótimo dia!
E não esqueça...
Sorria... sempre! E seja muito feliz!"
(Anne Geddes)

Depois de lermos esse lindo poema e sentirmos a verdade dita de forma tão maravilhosa, o que poderíamos acrescentar mais como comentário?

Obrigado, Felicidade... estamos esperando com nossa melhor poltrona sua visita, que seja em breve e que seja eterna.

"A melhor maneira de
ser feliz é contribuir para
a felicidade dos outros."
(Confúcio)

O amor

*"O medo... sempre será
o problema,
o amor sempre será
a solução."*

Se amar é a solução, vamos amar, amar incondicionalmente, o que significa celebrar a inteligência divina, transcendendo todos os medos.

É fundamental vencer o medo tirando dele o *status* poderoso que adquiriu em nossa cultura.

Amando incondicionalmente aprendemos a ver o futuro apenas como uma "possibilidade" e não como uma "expectativa", pois, quando não se realiza, cria-nos frustração.

Já, uma possibilidade, mesmo quando não acontece, continua sendo uma possibilidade. E estamos sempre na busca de sua realização.

Concluindo: estamos vivendo o hoje (porque não se vive o passado que já foi vivido e não se vive o futuro que ainda não chegou) e planejando o amanhã.

É importante fazermos essa reflexão, pois, há pessoas que vivem mais do ódio, do desamor, que deveriam ser coisas do passado, como a vingança e os sonhos irrealizáveis, que são coisas do futuro, deixando de viver o aqui e agora intensamente, com amor, que é o que importa.

O amor é a maior força que o ser humano possui e, quem não souber amar, pode-se dizer que não viveu, vegetou.

Ame com todas as forças de seu coração tudo o que tiver: seu Deus, sua família, seus amigos, seus colegas de trabalho, a humanidade, a natureza, seu trabalho, seus sonhos e até seus inimigos (se os tiver), pois, só assim encontrará a plenitude da vida: a paz, o amor e a felicidade.

Lembre-se das palavras de Gandhi:

"O amor é a força mais potente que o mundo possui e, ao mesmo tempo, a mais humilde que se possa imaginar."

"Podemos escolher o que semear
mas somos obrigados a colher
aquilo que plantamos!"
(Provérbio chinês)

Convide o amor para invadir sua casa

"Creio que Deus nos colocou nesta vida para sermos felizes."
(Baden Powell)

"Uma mulher saiu de sua casa e viu três homens com longas barbas brancas sentados em frente ao seu quintal. Ela não os conhecia, mas lhes disse:

— Acho que não os conheço, mas devem estar com fome. Por favor, entrem e comam algo.

— O homem da casa está? — um deles perguntou.

— Não — ela disse — está fora.

— Então não podemos entrar. — Eles responderam.

À noite, quando o marido chegou, ela contou-lhe o que aconteceu.

— Vá e diga que estou em casa e convide-os a entrar.

A mulher saiu e convidou-os a entrar.

— Não podemos entrar juntos — responderam.

— Porque isto? Ela quis saber.

Um dos velhos explicou-lhe:

— Seu nome é FARTURA — ele disse apontando um dos seus amigos e, mostrando o outro, falou: — Ele é o SUCESSO e eu sou o AMOR. E completou: — Agora vá e discuta com seu marido qual de nós vocês querem em sua casa.

A mulher entrou e falou ao marido o que foi dito. Ele ficou radiante e disse: — Que bom! Neste caso vamos convidar o FARTURA. Deixe-o entrar e encher a nossa casa de fartura.

A esposa discordou: — Meu querido, porque não convidamos o SUCESSO?

A irmã dela, que ouvia do outro canto da casa, apresentou sua sugestão: — Não seria melhor convidar o AMOR? Nossa casa estará então cheia de amor.

Vamos ouvir o conselho da sua irmã. Disse o marido para a esposa: — Vá lá fora e chame o AMOR para ser nosso convidado.

O AMOR levantou-se e seguiu em direção à casa. Os outros dois levantaram e seguiram-no.

Surpresa, a senhora perguntou-lhes: — Apenas convidei o AMOR, porque vocês dois entraram? Os velhos homens responderam juntos:

— Se você convidasse o FARTURA ou o SUCESSO, os outros dois esperariam aqui fora, mas, como você convidou o AMOR, onde ele for, iremos com ele.

Onde há AMOR, há também FARTURA e SUCESSO!"

Essa fábula mostra-nos, mais uma vez, que é o AMOR o responsável por nossa felicidade. Como vimos, se houver amor, haverá fartura e sucesso e, os três juntos, podemos traduzir por felicidade.

Se trabalharmos com amor, teremos sucesso. Qualquer organização vai querer contratar ou trabalhar com quem executa seu trabalho com amor.

Quando nosso ser estiver transbordante de amor, nada nos faltará, tudo será abundante, tudo será fartura.

Ame com toda a intensidade que a fartura e o sucesso chegarão em sua morada.

"O entusiasmo é uma grande força da alma.
Quem o conserva sempre, pode ter a certeza
de que nunca lhe faltará poder para conseguir
o que necessitar, o que planejou."

O entusiasmo

*"Ninguém tem a felicidade garantida.
A vida simplesmente dá a cada pessoa tempo e espaço.
Depende de você enchê-los de alegria."*
(S. Brown)

Realmente, é o entusiasmo a grande força que pode vencer o mal da procrastinação (procrastinar é deixar sempre para depois, é empurrar com a barriga). Eu, você, eles, elas, somos, muitas vezes, acometidos pelo mal da procrastinação pois, à primeira vista, pode parecer mais cômodo deixar para depois, para não sei quando, em vez de resolver na hora.

Se colocarmos entusiasmo em tudo que temos de fazer, podemos crer que deixaremos essa palavra feia (procrastinação) e suas conseqüências longe de nossa vida e seremos muito mais felizes e alegres e nos sentiremos mais realizados e sem estresse.

Costumo afirmar que todos possuem dons, mas, poucos conseguem desenvolvê-los por não colocarem neles a paixão, o entusiasmo. Os que colocam paixão e entusiasmo em tudo o que fazem vencem, obtêm sucesso, alcançam seus sonhos dourados, enquanto os outros... nada conseguem.

Quantas pessoas têm idéias brilhantes e não conseguem levá-las para a frente por falta de iniciativa, ou seja, de entusiasmo, não acreditando em suas possibilidades.

Veja os exemplos que o mundo nos dá: o farmacêutico de uma cidadezinha inventou um tônico e vendia-o em seu estabelecimento para as pessoas que o fossem procurar. Depois de algum tempo, alguém resolveu comprar a sua fórmula e passou a vendê-la, primeiro no país e depois no mundo todo com o maior sucesso. Estamos falando da Coca-Cola. O que faltou ao primeiro? Acreditar na sua fórmula e entusiasmo em divulgá-la.

Com o Baú da Felicidade, aconteceu a mesma coisa. Seu idealizador acabou vendendo para seu sócio, Silvio Santos, sua idéia que se tornou, na mão desse que acreditou, um sucesso nacional. Mais uma vez, faltou entusiasmo e acreditar na fórmula.

Entusiasmo é continuar na busca dos objetivos planejados, mesmo quando tudo parece ir contra. É continuar apesar das pedras no caminho.

Entusiasmo também é vida, é juventude (independente da idade), é alegria de viver intensamente, é ser feliz.

"Muitas vezes, a sabedoria está nas pessoas mais simples,
aquelas que em nosso preconceito parece que 'nada sabem',
e vivem felizes mesmo sem saber ler um livro,
sem entender de obras literárias, sem saber da política, da história,
nem mesmo em que planeta estão.
Mas, amam as coisas como são,
olham a todos com os mesmos olhos...
Enfim, naquele ser que vive feliz sem esperar nada da vida,
nem das pessoas, apenas vive e é feliz por viver."

Uma lição de amor

"A felicidade é a única coisa que podemos dar sem possuir."
(Voltaire)

"João vinha pela estrada vicinal, depois de um longo dia à procura de emprego e quase não viu a senhora com o carro parado no acostamento. Mas, percebeu que ela precisava de ajuda. Assim, parou seu Fusquinha e aproximou-se daquele luxuoso carro do ano.

Mesmo com o sorriso que ele estampava na face, ela ficou preocupada. Ninguém tinha parado para ajudar durante a última hora. Ele iria aprontar? Ele não parecia seguro, parecia pobre e faminto.

João pôde perceber que ela estava com muito medo e disse: — Eu estou aqui para ajudar, Madame. Por que não espera no carro onde não está chovendo? A propósito, meu nome é João.

Bem, todo o seu problema era um pneu furado, mas, para uma senhora e, com aquele tempo, era ruim o bastante. João abaixou-se, colocou o macaco e levantou o carro. Logo ele já havia trocado o pneu, mas, ficou um tanto sujo e ainda feriu uma das mãos. Enquanto ele apertava as porcas da roda, ela abriu a janela e começou a conversar com ele.

Contou que era de São Paulo e só estava de passagem por ali e que não sabia como agradecer pela preciosa ajuda. João apenas sorriu enquanto se levantava. Ela perguntou quanto devia. Qualquer quantia teria sido muito pouco para ela. Já tinha imaginado todas as terríveis coisas que poderiam ter acontecido se João não tivesse parado.

João não pensava em dinheiro quando parou. Aquilo não era um trabalho para ele. Gostava de ajudar quando alguém tinha necessidade e Deus já lhe ajudara bastante. Este era seu modo de viver e nunca lhe ocorreu agir de outro modo.

Ele respondeu: — Se realmente quiser me reembolsar, da próxima vez que encontrar alguém que precise de ajuda, dê para aquela pessoa a ajuda que precisar. E acrescentou: — ... e pense em mim.

Ele esperou até que ela saísse com o carro e também se foi. Tinha sido um dia frio e deprimente, mas ele se sentia bem indo para casa.

Alguns quilômetros abaixo a senhora encontrou um pequeno restaurante onde entrou para comer alguma coisa. Era sem luxo e fora de seus costumes. A garçonete veio até ela e trouxe-lhe uma toalha limpa para que pudesse secar o cabelo molhado e lhe dirigiu um doce sorriso, um sorriso que, mesmo com os pés doendo por um dia inteiro de trabalho, não pôde apagar.

A senhora notou que a garçonete estava com quase oito meses de gravidez, mas não deixou a tensão e as dores mudarem sua atitude.

A senhora ficou curiosa em saber como alguém que tinha tão pouco podia tratar tão bem a uma estranha. Então, lembrou-se de João.

Depois que terminou a refeição, enquanto a garçonete buscava troco para a nota de cem reais, a senhora já tinha partido quando a garçonete voltou.

A garçonete ainda queria saber onde a senhora poderia ter ido quando notou algo escrito no guardanapo, sob o qual tinha mais 4 notas de R$100. Havia lágrimas em seus olhos quando leu o que a senhora escreveu.

Dizia: — Você não me deve nada, eu já tenho o bastante. Alguém me ajudou uma vez e da mesma forma estou lhe ajudando. Se você realmente quiser me reembolsar, não deixe este círculo de amor terminar com você.

Bem, havia mesas para limpar, açucareiros para encher e pessoas para servir.

Aquela noite, quando foi para casa e deitou-se na cama, ficou pensando no dinheiro e no que a senhora deixou escrito.

Como pôde aquela senhora saber o quanto ela e o marido precisavam disto? Com o bebê para o próximo mês, como estava difícil!

Ela virou-se para o preocupado marido que dormia ao lado, deu-lhe um beijo macio e sussurrou: — Tudo ficará bem; eu te amo, João."

Reflita como esta lição é verdadeira, como que, por outras vias, recebemos o que plantamos. Muitas vezes não nos damos conta de nossas atitudes irrefletidas, atingindo maldosamente pessoas amigas e ou inimigas, disseminando o mal, querendo tirar vantagem em tudo, em prejuízo dos outros, de nossa arrogância e menosprezo pelos outros e não sabemos por que nossa vida não é lá essas coisas, apesar de tudo que conseguimos.

No entanto, vemos pessoas humildes, mas, sábias, que plantam sempre a semente do bem, da compreensão, do amor e obtêm sucesso, nem sempre financeiro, pois estão mais preocupados em SER do que em TER, mas, estão sempre felizes, gozando de boa saúde e da amizade desinteressada.

Mais uma vez, reflita: não vale mais a pena praticar o bem, e o amor? Não vale mais a pena preparar-se para ser do que só para ter?

Não devemos desprezar o ter, mas, devemos ter consciência de que quando somos, por conseqüência, teremos.

Pratique a sabedoria da vida.

"Se você pode...
...aprender a viver serenamente,
passando por todos altos e baixos...
...fazer com que a rotina ganhe um
novo brilho...
...sentir o gosto de apenas viver e
reconhecer a beleza de cada dia...
...pode ter a coragem de tentar,
mesmo sabendo que o esforço
pode ser maior do que parece.
Você continuará a aprender, dia a dia,
que a realização de seus sonhos
depende apenas de você!"

Seja forte

*"A felicidade não depende do que nos falta, mas,
do bom uso que fazemos do que temos."*
(Thomas Hardy)

Certa vez, fiz uma pergunta a um ancião e, por sua resposta e palavras, considerei-o um sábio:

— Por que existem pessoas que saem facilmente dos problemas mais complicados, enquanto outras sofrem por problemas muito pequenos, afogando-se num copo de água?

Ele simplesmente sorriu e me contou uma história...

"Era uma vez um cidadão que viveu amorosa e corajosamente toda a sua vida.

Quando morreu, todo mundo lhe falou para ir ao céu, um homem tão corajoso e bondoso quanto ele somente poderia ir para o Paraíso. Ir para o céu não era tão importante para aquele homem, mas, mesmo assim ele foi até lá.

Naquela época, o céu não havia ainda passado por um programa de qualidade total; por isso, a recepção não funcionava muito bem. A recepcionista que o recebeu deu uma olhada rápida nas fichas em cima do balcão e, como não viu o nome dele na lista, orientou-lhe para descer ao Inferno.

E, no Inferno, você sabe como é. Ninguém exige crachá nem convite, qualquer um que chega é convidado a entrar. Nosso cidadão entrou lá e foi ficando à sua maneira.

Alguns dias depois, Lúcifer chegou furioso às portas do Paraíso para tomar satisfações com São Pedro:

— Você é um canalha. Nunca imaginei que fosse capaz de uma baixaria como essa. Isso que você está fazendo é puro terrorismo!

Sem saber o motivo de tanta raiva, São Pedro perguntou, surpreso, do que se tratava. Lúcifer, transtornado, desabafou:

— Você mandou aquele cidadão para o Inferno e ele está fazendo a maior bagunça lá. Ele chegou escutando as pessoas, olhando-as nos olhos, conversando com elas, enfrentando corajosamente os problemas.

Agora, está todo mundo dialogando, abraçando-se, beijando-se, encarando os problemas. O Inferno está insuportável, não agüento mais, parece o Paraíso!

E fez um apelo:

— Pedro, por favor, pegue aquele cidadão e traga-o para cá! Ao Paraíso."

Quando o homem sábio terminou de contar esta história, olhou-me carinhosamente e disse:

"Viva com coragem e tanto amor no coração que se, por engano, você for parar no Inferno, o próprio demônio lhe indicará o caminho do Paraíso.

Problemas fazem parte da nossa vida, porém, não deixe que eles o transformem numa pessoa medrosa e amargurada. As crises vão estar sempre se sucedendo e, a maioria das vezes, você não terá escolha.

Sua vida está sensacional e, de repente, você pode descobrir que sua mãe, ou sua esposa, ou sua filha está doente; que a política econômica do governo mudou; que você perdeu o emprego ou que infinitas possibilidades de dificuldades estão começando a aparecer.

As crises você não pode escolher, mas pode optar pela maneira como enfrentá-las.

E, no final, quando os problemas forem resolvidos, mais do que sentir orgulho por ter encontrado as soluções, você terá orgulho de si mesmo: por ter tido coragem, determinação, e ter lutado com amor.

Com amor e coragem encontraremos o Paraíso, tanto aqui na Terra como no Céu."

"Resista...
Resista um pouco mais,
mesmo que as feridas latejem
e que a sua coragem esteja cochilando.
Resista mais um minuto
e será fácil resistir aos demais.
Resista mais um instante,
mesmo que a derrota seja um ímã...
mesmo que a desilusão caminhe em sua direção.
Resista mais um pouco,
mesmo que os invejosos digam para você parar...
mesmo que sua esperança esteja no fim.
Resista mais um momento,
mesmo que você não possa avistar
ainda a linha de chegada...
mesmo que as inseguranças brinquem de
roda à sua volta.
Resista um pouco mais,
mesmo que a sua vida esteja sendo pesada
como a consciência dos insensatos,
e você se sinta indefeso como um pássaro
de asas quebradas.
Resista, porque o último instante da madrugada
é sempre aquele que puxa a manhã pelo braço
e essa manhã bonita, ensolarada,
sem algemas nascerá para você em breve,
desde que você resista.
Resista, porque estou sentado na arquibancada
do tempo, torcendo ansioso para que você vença
e ganhe de DEUS o troféu que você merece...
A FELICIDADE..."

Vencendo o medo

*"A coragem não é a ausência do medo, mas,
sim, a capacidade de se portar
com dignidade, apesar do medo."*
(Scott Torow)

De vez em quando, deparamo-nos com algum filme que nos faz refletir sobre a vida.

Assistindo, outro dia, "Um visto para o céu" passei a pensar na história de um cidadão com 31 anos de idade que morreu num acidente de automóvel. Ele chega a um nível intermediário, em que sua vida será analisada para se determinar se ele tem capacidade de seguir para um nível mais elevado ou continuar na vida terrena. Para saber se pode evoluir, ele precisa provar que venceu a barreira de seus medos.

Sentado numa espécie de tribunal, a promotora cita algumas passagens de sua vida, que são visíveis numa tela e em que ele deixou que o medo tomasse conta de suas ações. Do outro lado, uma espécie de advogado de defesa procurava mostrar, ao contrário, que suas atitudes não eram de medo e, sim, de coragem.

Durante a passagem de sua vida, pôde-se notar que ele deixou de realizar uma série de ações que lhe prejudicaram, por medo, e que fizeram com que ele não progredisse na vida. E que agora estavam lhe barrando a passagem para um nível superior da existência.

Se refletirmos sobre nossas vidas, vamos perceber que também tivemos medo de enfrentar certas situações, de tomar algumas resoluções, mesmo de arriscar, apesar de nossa certeza de sucesso, só porque deixamo-nos levar pelo medo.

E quanto perdemos? E muitos ainda estão perdendo com medo de enfrentar as mudanças que estão ocorrendo na sociedade, na economia, na tecnologia, nas comunicações, etc.

O medo é inerente ao ser humano, mas, apenas o medo racional: agora, deixar-se dominar pelo medo é que nos torna perdedores. Não sair de carro à noite por medo de ser assaltado é tornar-se um prisioneiro do medo. Sair de casa de carro à noite prevenido, com as janelas fechadas e as portas trancadas, é ser precavido.

Aplicar seus Reais em Dólares, porque ouviu boatos de desvalorização do Real, é perder dinheiro por medo. Aplicar uma parte de seus Reais em Dólares, quando a taxa está estabilizada, é ser um investidor consciente que não aplica todo o seu dinheiro em uma só modalidade.

Possuir seus negócios, por exemplo, em máquinas de escrever, que sempre fizeram sucesso e continuar, mesmo vendo que a informática é a bola da vez, é estar fechando o seu negócio por medo de se atualizar.

E assim poderíamos ir desfiando muitos outros exemplos que nos fazem perder dinheiro, amor ou oportunidades por falta de coragem, por deixar o medo nos dominar.

Contra o medo imaginário devemos ser realistas, não para cair no pessimismo (com medo), mas, para sermos pragmáticos e nunca deixar de fazer o necessário para que a alegria e o respeito nos unam aos amigos e familiares.

O personagem do filme só conseguiu subir a um nível superior quando, desejando acompanhar uma jovem que conhecera e que partiria para esse outro nível, demonstrou, por amor a ela, coragem, enfrentando os perigos e as dificuldades que se puseram em sua frente.

Reflita... coloque a coragem na frente... vença... alcance você também o... Céu.

> "A intolerância causada pela raiva e o ódio
> é nossa principal e real inimiga.
> Precisamos nos manter sempre alertas,
> para confrontar e vencê-la quebrando
> o círculo vicioso da desarmonia."

Tolerância

"Somos muito mais infelizes na infelicidade do que felizes na felicidade."
(Armand Salacrou)

"Um famoso senhor com poder de decisão gritou com seu diretor porque estava com ódio naquele momento.

Seu diretor, chegando em casa, gritou com sua esposa porque estava gastando demais.

A esposa, por sua vez, gritou com a empregada porque esta quebrou um prato.

A empregada chutou o cachorrinho no qual ela tropeçara.

O cachorrinho saiu correndo e mordeu uma senhora que passava pela rua, pois ela atrapalhava sua saída pelo portão.

Esta senhora foi à farmácia para tomar vacina e fazer um curativo, acabou gritando com o farmacêutico porque a vacina doeu ao ser aplicada.

O farmacêutico, chegando em casa, gritou com sua mãe porque o jantar não estava ao seu agrado.

Sua mãe, já idosa, passou a mão em seus cabelos, beijou sua testa e disse: — Você está muito nervoso, pois trabalhou muito e a esta hora já esta cansado. Amanhã você vai se sentir melhor. Abençoou-lhe e foi deitar.

Naquele momento, o círculo do rancor, do ódio se rompeu, pois encontrou a tolerância, o perdão, a paz e o amor.

Quando estiver em um círculo do ódio, lembre-se de que com tolerância, com perdão, com paz e com amor você poderá quebrá-lo!"

Pense nisso sempre que estiver triste e descontente com alguém. Para que o mundo seja melhor, precisamos fazer a nossa parte!

Mais uma vez sentimos a importância do amor em nossas vidas. Quando o amor prevalece, derruba todas as barreiras da intolerância, do rancor, do ódio.

Viva com amor e alcance o arco-íris da paz, da alegria, do entendimento, da felicidade.

"As flores, como as pessoas, são todas belas à sua própria maneira e estão constantemente desabrochando."
(Louise L. Hay)

De... passagem

"A felicidade é um bem que se multiplica ao ser dividido."
(Marxwell Maltz)

Um empresário muito rico gabava-se de ser inteligente e conhecedor de tudo. Fazia pouco dos mais humildes em virtude de sua posição social e seu poder.

Ouviu falar que na Índia viviam gurus famosos que sabiam sobre o passado, o presente e o futuro e que poderiam resolver todos os tipos de problemas.

Curioso, o empresário rico quis conhecer o mais famoso deles.

Sua secretária marcou uma viagem na semana seguinte e ele se encontrou com o mais famoso deles, por meio de contatos que a empresa tinha na cidade de Bombaim, na Índia.

E lá se foi nosso garboso empresário hospedar-se no melhor hotel com sua equipe.

No dia da reunião, dirigiu-se ao endereço indicado e ficou surpreso ao constatar que o guru morava num quarto simples, cheio de livros.

As únicas peças da mobília eram uma simples mesa e um banco.

— Onde estão seus móveis? — perguntou o empresário.

E onde estão os seus? — perguntou o guru, de chofre, antes de responder a pergunta feita.

— Os meus? — disse o empresário — mas eu estou aqui de passagem!

— Eu também — disse o guru — a vida aqui na Terra é somente uma passagem; no entanto, vivemos como se fôssemos ficar aqui eternamente.

Infelizmente, há muita gente que pensa ser o dono do mundo, que ficará na Terra eternamente em razão de sua riqueza, seu poder, seu egoísmo.

De nada adiantará tudo o que tem se não possuir o dom da humildade, do respeito ao seu semelhante, da tolerância, da amizade, do amor.

A vida sem amor, sem amizade, sem respeito, será vazia. O dinheiro e o poder podem comprar os bens materiais, mas, a paz e a felicidade, não. O dinheiro ajuda, e ajuda muito, mas só quando seu dono possuir os dons do amor, da tolerância, da humildade. Do contrário, será apenas um escravo a serviço do dinheiro.

Pense nisso...

"RECEITA DA VIDA
INGREDIENTES:
— Família (é aqui que tudo começa)
— Amigos (nunca deixe faltar)
— Raiva (se existir, que seja pouca)
— Paciência (a maior possível)
— Lágrimas (deixe apenas as de alegria)
— Sorrisos (os mais variados)
— Paz (em grande quantidade)
— Perdão (à vontade)
— Desafetos (se possível, nenhum)
—- Esperança (não perca jamais)
— Coração (quanto maior, melhor)
— Amor (pode abusar)
— Carinho (essencial)
MODO DE PREPARAR:
— Reúna a sua família e os seus amigos.
— Esqueça dos momentos de raiva e de desespero passados.
— Se precisar, use toda sua paciência.
— Enxugue as lágrimas e substitua-as por sorrisos.
— Junte a paz e o perdão e ofereça a seus desafetos.
— Deixe a esperança crescer no seu coração.
— Nem sempre os ingredientes da vida são gostosos; portanto, saiba misturar todos os temperos que ela oferece e faça dela um prato de raro sabor."

Lição de vida

"Aquilo no qual todos os seres diferem é na vida, aquilo no qual são iguais é na morte."

"No primeiro dia de aula, nosso professor apresentou-se e desafiou-nos a que nos apresentássemos a alguém que não conhecêssemos ainda.

Eu fiquei em pé para olhar ao redor, quando uma mão suave tocou meu ombro. Eu olhei para trás e vi uma pequena senhora, velhinha e enrugada, sorrindo radiante para mim, com um sorriso que iluminava todo o seu ser.

Ela disse: — Ei, bonitão. Meu nome é Rose. Eu tenho 87 anos de idade. Posso te dar um abraço? Eu ri e respondi entusiasticamente: — É claro que pode! e ela me deu um gigantesco apertão. — Por que você está no colégio em tão tenra e inocente idade? — perguntei. Ela respondeu brincalhona: — Estou aqui para encontrar um marido rico, casar, ter um casal de filhos, e então me aposentar e viajar.

— Está brincando? — eu disse. Eu estava curioso em saber o que a havia motivado a entrar neste desafio com a sua idade, e ela disse: — Eu sempre sonhei em ter um estudo universitário, e agora estou tendo um!

Após a aula, caminhamos para o prédio da união dos estudantes, e dividimos um *milkshake* de chocolate. Tornamo-nos amigos instantaneamente. Todos os dias, nos próximos três meses, teríamos aula juntos e conversaríamos sem parar.

Eu ficava sempre extasiado ouvindo aquela "máquina do tempo" compartilhar sua experiência e sabedoria comigo. No decurso de um ano, Rose tornou-se um ícone no *campus* universitário, e fazia amigos facilmente, onde quer que fosse. Ela adorava vestir-se bem, e revelava-se na atenção que lhe davam os outros estudantes. Ela estava curtindo a vida!

No fim do semestre, convidamos Rose para falar no nosso banquete de futebol. Jamais esquecerei do que ela nos ensinou. Ela foi apresentada e se aproximou do pódio.

Quando começou a ler sua fala preparada, deixou cair três das cinco folhas no chão. Frustrada e um pouco embaraçada, ela pegou o microfone e disse simplesmente:

— Desculpem-me, eu estou tão nervosa! Parei de beber por causa da Quaresma, e este uísque está me matando! Eu nunca conseguirei colocar meus papéis em ordem de novo, então deixem-me apenas falar para vocês sobre aquilo que eu sei.

Enquanto ríamos, ela limpou sua garganta e começou: — Nós não paramos de jogar porque ficamos velhos; tornamos-nos velhos porque paramos de jogar. Existem somente quatro segredos para continuarmos jovens, felizes e conseguindo sucesso. Você precisa rir e encontrar humor em cada dia. Você precisa ter um sonho. Quando você perde seus sonhos, você morre. Temos tantas pessoas caminhando por aí que estão mortas e nem desconfiam! Há uma enorme diferença entre ficar velho e crescer. Se você tem 19 anos de idade e ficar deitado na cama por um ano inteiro, sem fazer nada de produtivo, você ficará com 20 anos.

Se eu tenho 87 anos e ficar na cama por um ano e não fizer coisa alguma, eu ficarei com 88 anos. Qualquer um consegue ficar mais velho. Isso não exige talento nem habilidade. A idéia é crescer e sempre encontrar a oportunidade na novidade. Não tenha remorsos. Os velhos geralmente não se arrependem daquilo que fizeram, mas, sim, por aquelas coisas que deixaram de fazer. As únicas pessoas que têm medo da morte são as que têm remorsos.

Ela concluiu seu discurso cantando corajosamente "A Rosa". Ela desafiou a cada um de nós a estudar poesia e vivê-la em nossa vida diária. No fim do ano, Rose terminou o último ano da faculdade que havia começado todos aqueles anos atrás. Uma semana depois da formatura, Rose morreu tranqüilamente em seu sono.

Mais de dois mil alunos da faculdade foram ao seu funeral, em tributo à maravilhosa mulher que ensinou, pelo exemplo, que nunca é tarde demais para ser tudo aquilo que você provavelmente pode ser.

Quando você terminar de ler isto, por favor, envie esta pacífica palavra de conselho para seus amigos e familiares, eles realmente apreciarão!

Estas palavras têm sido divulgadas por amor, em memória de "Rose".

Lembre-se: ficar velho é obrigatório, crescer é opcional.

Pensando nisso, faça sua opção e saberá como será seu dia de amanhã e sempre...

"Com alegria,
transfiro à vida
tudo o que tenho,
e, com amor,
ela retribui."

Preserve...

*"Só há três coisas melhores
do que um copo de vinho: pão,
água e um grande amor."*

"Há tempos, o dono de um pequeno comércio, amigo do grande poeta Olavo Bilac, abordou-o na rua:
— Sr. Bilac, estou precisando vender o meu sítio, que o senhor tão bem conhece. Poderá redigir o anúncio para o jornal?
Olavo Bilac apanhou o papel e escreveu:
"Vende-se encantadora propriedade, onde cantam os pássaros ao amanhecer no extenso arvoredo, cortada por cristalinas e marejantes águas de um ribeirão. A casa banhada pelo sol nascente oferece a sombra tranqüila das tardes, na ampla varanda".
Meses depois, topa o poeta com o homem e pergunta-lhe se havia vendido o sítio.
— Nem pensei mais nisso, disse o homem... Quando li o anúncio é que percebi a maravilha que eu tinha."
Reflita e veja se você não está fazendo o mesmo com algo ou alguém em sua vida. Não espere perder para aprender a dar valor ao que tem.
Assim acontece com o emprego que temos e não damos valor; não nos dedicamos ao máximo, só daremos valor quando o perdermos; com a esposa (o) que compartilha nossa vida; só daremos valor quando não a (o) tivermos mais por não sermos compreensivos, não mantermos um diálogo; com nossos filhos, que só percebemos quando já estão crescidos, perdendo a oportunidade de acompanhar seu crescimento, de educá-los como gostaríamos (não tínhamos tempo); daquele amigo querido que abandonamos quando mais precisava de nós (que falta nos faz sua amizade); de nossos pais para os quais pouco ligávamos, que falta e saudades nos vêm agora que se foram; e assim podemos ir desfiando uma série de outras oportunidades que perdemos por não percebermos que maravilha que tínhamos e não soubemos aproveitar. Muitos se lamentam depois...
— Eu era feliz e não sabia.
Acorde que ainda dará tempo para aproveitar muitas das oportunidades que a vida nos oferece, mas, que parecem perdidas.

"Vive o Universo.
Em cada onda flutuante
há uma vibração eterna
de calor, campos de energia
que se cruzam,
interação de pensamentos
que se completam,
na completa incerteza,
mas com toda convicção
de que se encontram
em harmonia
como círculos que se fecham."
(Marília de Campos)

Desejo

*"Não existe hora mais escura
do que a meia-noite. Mas, quando
parece que a escuridão vai
aumentar ainda mais, começa a clarear."*

"Desejo primeiro que você ame,
E que, amando, também seja amado.
E que, se não for, seja breve em esquecer.
E que, esquecendo, não guarde mágoa.
Desejo, pois, que não seja assim,
Mas, se for, saiba ser sem desesperar.

    Desejo também que tenha amigos,
    Que mesmo maus e inconseqüentes,
    Sejam corajosos e fiéis,
    E que pelo menos num deles
    Você possa confiar sem duvidar.
    E porque a vida é assim.

Desejo ainda que você tenha inimigos.
Nem muitos, nem poucos,
Mas, na medida exata para que, algumas vezes,
Você se interpele a respeito
De suas próprias certezas.
E que, entre eles, haja pelo menos um que seja justo,
Para que você não se sinta demasiado seguro.

    Desejo, depois, que você seja útil,
    Mas não insubstituível.
    E que, nos maus momentos,
    Quando não restar mais nada,
    Essa utilidade seja suficiente para manter você de pé.

Desejo ainda que você seja tolerante,
Não com os que erram pouco, porque isso é fácil,
Mas com os que erram muito e irremediavelmente,
E que, fazendo bom uso dessa tolerância,
Você sirva de exemplo aos outros.

    Desejo que você, sendo jovem,
    Não amadureça depressa demais,
    E que, sendo maduro, não insista em rejuvenescer

   E que, sendo velho, não se dedique ao desespero.
   Porque cada idade tem o seu prazer e a sua dor e
   É preciso deixar que eles escorram por entre nós.
Desejo, por sinal, que você seja triste,
Não o ano todo, mas apenas um dia.
Mas que, nesse dia, descubra
Que o riso diário é bom,
O riso habitual é insosso e o riso constante é insano.
   Desejo que você descubra,
   Com o máximo de urgência,
   Acima e a despeito de tudo,
   Que existem oprimidos, injustiçados
   E infelizes, e que estão à sua volta.
Desejo ainda que você afague um gato,
Alimente um cuco e ouça o joão-de-barro
Erga triunfante o seu canto matinal
Porque, assim, você se sentirá bem por nada.
   Desejo também que você plante uma semente,
   Por mais minúscula que seja,
   E acompanhe o seu crescimento,
   Para que você saiba de quantas
   Muitas vidas é feita uma árvore.
Desejo, outrossim, que você tenha dinheiro,
Porque é preciso ser prático.
E que, pelo menos uma vez por ano,
Coloque um pouco dele
Na sua frente e diga "Isso é meu",
Só para que fique bem claro quem é o dono de quem.
   Desejo também que nenhum de seus afetos
   Morra, por ele e por você,
   Mas que, se morrer, você possa chorar
   Sem se lamentar e sofrer sem se culpar.
Desejo, por fim, que você, sendo homem,
Tenha uma boa mulher,
E que, sendo mulher,
Tenha um bom homem
E que se amem hoje, amanhã e nos dias seguintes,
E quando estiverem exaustos e sorridentes,
Ainda haja amor para recomeçar.
E, se tudo isso acontecer,
Não tenho mais nada a te desejar."

Victor Hugo, tão antigo e fantasticamente tão atual em sua crônica. Seus ensinamentos continuam a emocionar-nos. Por isso é importante lermos os grandes pensadores e escritores do passado. Temos muito que aprender. Mas, como já vimos, podemos aprender do passado, mas viver sempre no presente.

Para encerrar, permitam lhes desejar também que:

Onde houver dor, haja paz e perdão.

Onde houver dúvidas próprias, haja confiança renovada em sua capacidade de lidar com elas.

Onde houver cansaço ou exaustão, haja compreensão, paciência e força renovada.

Onde houver medo, haja amor e coragem.

E, parodiando o grande Victor Hugo, não precisamos desejar mais nada... a felicidade está completa.

> "Quando uma porta se fecha,
> outra sempre se abre.
> A dificuldade está em que,
> freqüentemente, ficamos
> olhando com tanto pesar a porta
> fechada, que não enxergamos
> aquela que se abriu."

Felicidade

Se você se sente só, infeliz,
é porque construiu muros
ao invés de pontes.
Destrua-os, construa-as
e seja feliz.

"Quando a tristeza, por qualquer razão, abater-se sobre seu espírito, levante-se, olhe para frente e sinta que a vida corre lá fora: as árvores, as plantas, a constelação, o mar...
 É a vida alegre de uma natureza inteira, que foi feita para você!
 Pense... Aja...
 Fale e viva como quem tem da vida o sabor da vontade, do amor e do bem-querer.
 Não deixe que as confusões do mundo perturbem o seu espírito, desviando-o do seu caminho e quebrando a sua harmonia...
 Seja forte em sua caminhada pelo tempo.
 As estradas da vida nem sempre são planas e lisas...
 São subidas e descidas, retas e curvas, poeira, noites, tempestades.
 Mas você não pode desistir!
 Vá em frente.
 E, se você tropeçar, não desanime.
 Retire sempre algo de bom e proveitoso nas dificuldades pelas quais você passar e das adversidades que o querem atropelar.
 Não fique aumentando dentro de si as intempéries.
 Pense em Deus e renove Nele a sua esperança, a sua fé e as forças de que você precisará para enfrentar a caminhada de um novo dia.
 Se você se sentir sozinho ou a tristeza tomar conta de seu espírito, assim como uma nuvem pesada escurecendo o céu da sua alma, não se entregue ao desânimo que porventura o abata.
 Tome este estado como... passageiro.
 Conscientize-se de que dentro de você, no mais profundo do seu ser, há uma energia cósmica, partícula de energia divina, que o faz forte, poderoso e respeitado.
 Tenha certeza disso, afugente de si toda a tentação do medo que o diminui e o faz pequeno demais.
 Ter tantas razões para ser forte, guardar tanta energia para crescer e, ao mesmo tempo, ter medo da vida é ser covarde.
 Não o seja!
 Siga em frente.

Não olhe para trás, senão para escolher as lições que o passado tem para dar-lhe, como estímulo para o seu futuro.

Se cair, levante-se.

Se atrasar, não desanime.

Vá sempre caminhando em direção aos horizontes, em busca de sua estrela maior.

Vá com as forças que Deus lhe deu, mais depressa ou, quem sabe, vagarosamente.

Mas vá sempre em frente, certo de que o seu destino maior não é chegar já, mas chegar bem, ao endereço de sua felicidade!"

A busca da felicidade tem que ser constante, não podemos descuidar e temos que estar sempre preparados para encontrar a outra porta que está abrindo-se quando parecer que tudo não tem mais saída.

Não se deixe levar pela opinião dos que dizem que a felicidade não existe, que ocorrem apenas momentos mais felizes.

Você não está feliz, por estar lendo ou ouvindo este livro agora? Você não está feliz por ter acordado hoje, por estar com saúde, por possuir dois olhos que enxergam, por amar alguém que está ao seu lado, por... por... por... enumere outras coisas que lhe dão felicidade e verá como é feliz.

Se você ganhar na loteria, vai ser mais feliz do que o é normalmente, mas logo você voltará a ser feliz como antes. Se acontecer um infortúnio, você se sentirá mal por algum tempo, mas depois voltará a sentir-se como era antes, feliz. E assim vamos levando a vida... sempre felizes.

> "Você quer ser feliz por um instante?
> Vingue-se!
> Você quer ser feliz para sempre?
> Perdoe!"
> (Tertuliano)

O mais importante

"Os que amam são os que ousam."
(Bayard Taylor — poeta)

"É mais importante:
Perdoar ou pedir perdão?
Quem perdoa mostra que ainda crê no amor.
Quem pedir perdão mostra que ainda existe amor para quem crê.
Mas não importa saber qual das duas coisas é mais importante.
É sempre importante saber que perdoar é o modo mais sublime de crescer e pedir perdão é o modo mais sublime de se levantar.
O que é mais importante:
Amar ou ser amado?
Amar significa tudo aquilo que todo mundo deve.
Ser amado significa tudo aquilo que todo mundo deseja.
Mas não importa saber qual das duas coisas é mais importante.
Sempre importa saber que: ninguém pode querer amar sem se esquecer, e ninguém pode querer ser amado sem se lembrar de todos...
O que é mais importante:
Abrir a porta ou abrir o coração?
Quem abre a porta mostra que vai receber alguém.
Quem abre o coração quer que ninguém fique fora.
Mas não importa saber qual das duas coisas é mais importante.
Sempre importa saber que: abrir a porta é o modo mais delicado de ser bom.
E abrir o coração é o modo divino de amar...
O que é mais importante:
Ir à Lua ou ficar na Terra?
Quem vai à Lua vê mais um tanto de tudo que Deus fez.
Quem fica na Terra vê mais um tanto do que o homem pode.
Mas não importa saber qual das duas coisas é mais importante.
Sempre importa saber que: Quem vai à Lua deve voltar à Terra, e quem fica na Terra pode ir aos outros lugares...
O que é mais importante:
Dar ou estender as mãos?
Quem dá as mãos demonstra
que se despoja de alguma coisa.
Quem estende as mãos mostra que quer alcançar alguém.
Mas não importa saber qual das duas coisas é mais importante.
É sempre importante saber que:

dar é um gesto de bondade e estender as mãos é um gesto de bondade que nos sublima...
O que é mais importante:
Levar rosas ou enxugar lágrimas?
Quem leva rosas mostra que se lembrou de alguém na felicidade.
Quem enxuga lágrimas mostra que não esqueceu de alguém na infelicidade.
Mas não importa saber qual das duas coisas é mais importante:
É sempre importante saber que: levar rosas é um gesto de amor que todo mundo faz.
E enxugar lágrimas é um gesto que só o amor faz a todo mundo!...
Não devemos permitir que ninguém deixe nossa presença sem se sentir melhor e mais feliz."
O que é mais importante, afinal: saborear um poema como esse, refletindo sobre suas verdades ou apenas lê-lo e passar para o da frente?
Passar para o da frente vai deixá-lo conhecer mais rapidamente o mesmo e talvez os demais poemas do livro; mas, saborear este poema, refletindo sobre suas verdades, irá lhe dar uma clareza maior de viver.
Aqui a escolha cabe a você, mas, que refletir no caso é mais importante, isso é verdade.

Envelhecer sorrindo

*"Faça o que puder,
com aquilo que você
tem, onde você está."*

Costumava brincar com meu pai, dizendo: — O senhor está ficando velho. O que ele sabiamente respondia, e sério: — Feliz eu que estou ficando velho, quem não ficar velho é porque morreu antes.

Sábia, suas palavras, pois todos que estão envelhecendo deveriam estar felizes. Conseguiram sobreviver ao tempo e às enfermidades.

Vejamos o que diz a *Revista Seen-Do:*

"Envelhecer pode parecer algo terrivelmente complicado. Mas não é. É complexo, sim, como qualquer outra mudança na vida. A atenção ao corpo e à mente precisa ser redobrada, afinal é a fase na qual aparecem os lapsos de memória, a osteoporose, a menopausa com suas complicações de hormônios e outros fatores que podem ser amenizados e extinguidos por hábitos saudáveis de vida, como faz parte visitar o médico regularmente.

É como dizia a propaganda da vacinação para os idosos: "Se acha que está velho demais para fazer certas coisas, faça outras... E viva muito bem. Afinal, ainda existe tempo para se viver e a responsabilidade de viver bem esse tempo que nos foi dado é de todos nós".

Sabemos que viver é difícil, estando com idade torna-se mais ainda, mas não dá para entender muita gente que deixa de fazer certas coisas que gosta e dá para fazer, só porque já tem certa idade (tem vergonha). Que se acomoda em frente a uma televisão quando tem tanta coisa que poderia realizar (tem preguiça). E, conseqüentemente, está sempre de mau-humor.

O ser humano vive enquanto possui objetivos e luta para alcançá-los. Quando os alcança, projeta outros e assim vai sempre alegre e feliz por poder usufruir da vida.

Não estamos querendo dizer que se deve ter compromissos e obrigações durante doze horas por dia nos sete dias da semana. Quem está na terceira (ou na melhor) idade deve manter compromissos adequados, com limites que lhe proporcionem usufruir da vida.

Podemos comparar nossa vida à de um automóvel. Com o uso, as peças vão se desgastando e as vamos renovando, prolongando sua vida útil. Se utilizarmos inadequadamente o carro, o desgaste será maior. Em nossa vida não poderemos trocar facilmente as peças que se desgastam, mas, se fizermos um bom controle médico, se nos adequarmos à realidade, poderemos viver até os cem ou mais anos, e com saúde.

Agora, se tivermos uma vida inadequada, alguns só trabalhando, outros não fazendo nada (já trabalhei bastante, alegam), outros sempre de mau-humor, aí a vida vai ser mais difícil, com mais doenças, pois sabemos que a doença é fruto da cabeça (dos maus pensamentos) de quem nada faz ou faz inadequadamente.

Vamos, saia da frente da televisão, mexa-se, vá andar, vá visitar os parentes, os amigos, vá dançar (há tantos bailes da terceira idade), entre numa escola de danças, na faculdade da terceira idade, participe da comunidade, crie um *hobby*, mas faça alguma coisa.

O serviço voluntário, a participação em entidades de benemerência é um bom começo para encontrar-se uma nova vida, apesar da idade.

"Estou sempre renascendo. Cada nova manhã é o
momento de recomeçar a viver. Há oitenta anos que eu começo
meu dia da mesma maneira — e isto não significa uma
rotina mecânica, mas algo essencial para a minha felicidade.
Eu acordo, vou para o piano, toco dois prelúdios e
uma fuga de Bach. Estas músicas funcionam como
uma bênção para a minha casa. Mas também é uma maneira de
retomar contato com o mistério da vida, com o milagre de ser
parte da raça humana. Mesmo fazendo isso há oitenta anos,
a música que toco nunca é a mesma — ela sempre me ensina
algo novo, fantástico, inacreditável."
(Pablo Casals)

Viver até 120 anos? Por que não?

> *"A palavra impossível só existe*
> *no dicionário dos derrotados."*
> (Napoleão Hill)

Em palestra realizada sobre Qualidade de Vida, o dr. Carlos Alberto Pastori dizia-nos que o ser humano poderá viver, dentro de pouco tempo, até os 120 anos e em boas condições de saúde.

De acordo com estatísticas da Organização das Nações Unidas — ONU, a população que mais cresce é da faixa acima dos 80 anos, atualmente com 70 milhões de pessoas. A previsão é que, até 2050, 400 milhões tenham mais de 80 anos.

A população de pessoas centenárias, que até uma década atrás eram considerados casos raros, está crescendo, sendo hoje 100 mil. Em 2050 deverão ser 2,2 milhões.

Que maravilha poder viver toda a transformação que o mundo está passando: a tecnologia, tanto no ramo industrial como no da informação, da medicina, dos transportes, da comunicação, do conforto, etc.

Só que, para poder viver plenamente, na acepção da palavra, é preciso preparar-se desde já, não importando a idade que se tenha. É preciso mexer-se, é preciso atualizar-se constantemente, é preciso participar. É preciso orientação de um médico especialista em geriatria.

Jogar dominó no bar, ficar assistindo novelas ou ficar tricotando o dia todo já não é mais recomendado, é coisa do passado. Hoje em dia, alcançar bem a terceira idade é sinônimo de viagens, bailes, excursões, visitas a museus, a teatros. Participar de atividades de benemerência, de voluntariado, de companheirismo e sempre que possível esportivas. Jogar dominó, assistir televisão ou tricotar o dia todo só de vez em quando.

Há muitos programas de atividades nos mais diversos bairros, com preços acessíveis para viagens, bailes, excursões, visitas a museus e a teatros e essas atividades fazem com que a auto-estima cresça, proporcionando bem-estar, alegria de viver.

As atividades esportivas, como programa de educação física para pessoas com mais de 60 anos da USP – Universidade de São Paulo — por exemplo, ou uma boa caminhada mantêm a condição motora e física e minimiza as perdas com a idade, criando hábitos saudáveis e proporcionando melhor qualidade de vida.

As atividades de benemerência, atuando em benefício de terceiros (atuando em creches, orfanatos, igrejas, asilos, etc.) dão-nos um sentido de realização, de paz conosco mesmos.

As atividades de companheirismo, como freqüentar um clube rotário, uma maçonaria, um Lions Clube, por exemplo, aumentam a capacidade de relacionamento e de interação na sociedade, o que é positivo e proporciona-nos, além disso, um sentido de realização pelas obras que ajudamos a realizar.

Se você quer viver bem, com qualidade de vida, participe, mexa-se desde já, não espere os problemas e a idade chegarem para então fazê-lo por recomendação médica.

> "Se não puder se destacar
> pelo talento, vença
> pelo esforço."
> (Dave Weimbaum)

Ser jovem

*"A mais fiel de todas as companheiras
da alma é a esperança."*
(Padre Antônio Vieira)

"A juventude não é um período da vida, ela é um estado de espírito, um efeito da vontade, uma qualidade da imaginação, uma intensidade emotiva, uma vitória da coragem sobre a timidez, do gosto da aventura sobre o amor ao conforto.

Não é por termos vivido um certo número de anos que envelhecemos, mas, sim, porque abandonamos nosso ideal. Os anos enrugam o rosto, renunciar ao ideal enruga a alma. As preocupações, as dúvidas, os temores e os desesperos são os inimigos que lentamente nos inclinam para a terra e nos tornam pó antes da morte.

Jovem é aquele que se admira, maravilha-se e pergunta como a criança insaciável: "E depois?" Que desafia os acontecimentos e encontra alegria no jogo da vida.

És tão jovem quanto a tua fé. Tão velho quanto a tua descrença. Tão jovem quanto a tua confiança em ti e a tua esperança. Tão velho quanto o teu desânimo. Serás jovem enquanto te conservares receptivo ao que é belo, bom, grande. Receptivo às mensagens da natureza, do homem, do infinito.

E se, um dia, teu coração for atacado pelo pessimismo e corroído pelo cinismo, que Deus, então, compadeça-se de tua alma de velho." (General Mac Arthur)

Que bela lição de vida nos dá o General Mac Arthur, expressando essas verdades que muita gente ainda não acredita.

É como dizem, o corpo pode envelhecer com o tempo, mas, nosso espírito deve se conservar sempre jovem.

Costumo afirmar que há jovens de 20, 40, 60, 80 ou mais anos e que há, infelizmente, velhos de 20, 40, 60, 80 ou mais anos.

Enquanto o ser humano tiver objetivos e sonhos a alcançar, ele estará vivo; quando perder seus sonhos e objetivos, estará morto ou apenas vegetando.

Participe da vida de seus filhos, de seus netos, leia mais, atualize-se, faça cursos, viaje, vá conhecer novos locais, dance, não esmoreça mesmo que às vezes as forças possam estar faltando.

De acordo com a medicina atual, o homem poderá viver mais de cem anos e com saúde, é só não deixar seus pensamentos negativos agirem, tendo, por exemplo, pena de si mesmo.

Seja sempre positivo, veja a vida com esperança, procure sempre novos objetivos, novos sonhos.
A vida é e continua bela.

A beleza de uma mulher não está nas roupas
que ela usa, na imagem que
ela carrega, ou na maneira que ela penteia os cabelos.
A beleza de uma mulher tem que ser vista dos seus olhos
porque essa é a porta para o seu coração,
o lugar onde o amor reside.
A beleza de uma mulher não está nas marcas do seu rosto, mas,
a verdadeira beleza de uma mulher está refletida na sua alma,
está no cuidado que ela amorosamente tem (pelos outros),
a paixão que ela demonstra.
E a beleza de uma mulher, com
o passar dos anos, apenas cresce!
Mulher! Você é fenomenal.

Mulheres no espelho

*"O futuro pertence
àqueles (as) que acreditam
na beleza de seus sonhos."*
(Eleonor Roosevelt)

"Aos 3 anos: Olha-se no espelho e vê uma rainha!

Aos 8 anos: Olha-se no espelho e vê a Cinderela ou a Bela Adormecida.

Aos 15 anos: Olha-se no espelho e se vê como a Cinderela do Tchan ou a Tiazinha Adormecida, ou, se está na TPM, vê gordura/celulite/espinhas/cabelo espigado ("Mãe, me ajuda, como é que eu vou sair com esta cara HORROROSA!")

Aos 25 anos: Olha-se no espelho e se vê muito magra, muito gorda, muito alta, muito baixa, muito peito, pouca bunda, mas diz: — "DANE-SE" e decide sair para trabalhar assim mesmo.

Aos 35 anos: Olha-se no espelho e se vê muito magra, muito gorda, muito alta, muito baixa, muito peito, pouca bunda, cabelos brancos, mas não tem tempo para consertar tudo e sai para jantar com o marido assim mesmo.

Aos 45 anos: Olha-se no espelho e se vê muito magra/muito gorda, muito alta, muito baixa, muito peito, pouca bunda, cabelos brancos, cheia de rugas, mas pensa, "Vou marcar uma plástica" e vai para o casamento da filha assim mesmo.

Aos 55 anos: Olha-se no espelho e diz — "Estou saudável!" e sai para passar o dia com os netos.

Aos 60 anos: Olha-se no espelho e lembra dos amigos que nem com óculos conseguem se olha e vai para o Nordeste numa excursão com outras sessentonas.

Aos 70 anos: Olha-se no espelho e vê sabedoria, paciência e bom humor, e vai fazer um curso de História da Arte.

Aos 80 anos: Mais do que nunca, adora o que vê no espelho. Coloca um chapéu roxo e vai se divertir pelo mundo!

Mande este recado para todas as mulheres maravilhosas que você conhece, com um lembrete para que elas NÃO SE ESQUEÇAM DE USAR O CHAPÉU ROXO MAIS CEDO!"

Que conclusão podemos tirar dessa linda fábula: não é a que temos demonstrado até aqui?

Muitas pessoas esperam chegar a um ponto da vida para se livrarem das amarras, como preconceitos, inibições, no caso das mulheres de maridos mau-humorados (às vezes também há esposas mal-humoradas), etc. e passarem a viver com liberdade sem se preocuparem com o que os outros dizem.

Como diz a fábula, é preciso que as pessoas, não só as mulheres, mas os homens também, vistam seu "chapéu roxo", aqui como símbolo da liberdade, mais cedo e passem a usufruir mais intensamente da melhor idade o quanto antes e assim poderem comemorar, felizes, o centenário.

> "Rir é arriscar-se a parecer bobo.
> Chorar é arriscar-se a parecer sentimental.
> Iniciar relações é arriscar-se a envolver-se.
> Demonstrar sentimentos é arriscar-se a não ser aceito.
> Revelar seus sonhos é arriscar-se a parecer ridículo.
> Amar é arriscar-se a não ser amado.
> Continuar avançando contra o pouco provável
> é arriscar-se a fracassar.
> Porém, os riscos devem ser tomados porque o
> perigo maior na vida é não arriscar nada.
> Aquele que não arrisca não faz nada,
> não tem nada, não é nada.
> Pode até evitar o sofrimento e a dor, mas não pode
> aprender, sentir, mudar, crescer nem amar.
> Amarrado a tudo o que é segurança,
> ele é escravo, renunciou à sua liberdade.
> Só um pessoa que corre riscos é livre."
> (R. W. Emerson)

Você é importante

"As pessoas são muito mais capazes do que pensam que são e estão dispostas a fazer muito mais do que você pensa que farão."
(Ko Nishimura)

"Uma professora de Nova York decidiu homenagear seus alunos do último ano do colegial, dizendo a cada um deles a sua importância...; ela chamou todos os alunos à frente da classe, um de cada vez.

Primeiro disse a eles como eram importantes para ela e para a classe. Então presenteou cada um deles com um laço azul com uma frase impressa em letras douradas: "Eu sou importante".

Depois, resolveu desenvolver um trabalho com a classe. Deu a cada aluno mais três laços e os instruiu para que saíssem e disseminassem a cerimônia de reconhecimento...

Um dos garotos foi até um executivo júnior de uma empresa próxima e condecorou-o por ajudá-lo no planejamento de sua carreira. Deu-lhe um laço azul e prendeu-o em sua camisa. Então, deu-lhe mais dois laços e lhe explicou como agir... Naquela tarde o executivo júnior procurou o seu chefe que era tido como rabugento. Pediu ao chefe que se sentasse e lhe disse que o admirava profundamente por ser um gênio criativo. O chefe pareceu muito surpreso. O executivo júnior perguntou-lhe se ele aceitaria o laço azul como presente. O chefe aceitou e ele o colocou no paletó do chefe, bem acima do coração. Em seguida disse-lhe: — o senhor me faria um favor? Receberia este outro laço azul e passaria adiante, homenageando outra pessoa? Explicou-lhe a finalidade: queriam descobrir como ela influencia as pessoas.

Naquela noite, ao chegar em casa, o chefe procurou seu filho de quatorze anos, pediu que ele sentasse e lhe disse:

— Hoje me aconteceu uma coisa incrível. Estava em meu escritório e um dos executivos juniores entrou, disse que me admirava e me deu este laço azul por me considerar um gênio criativo. Então ele prendeu este laço azul que diz "Eu sou importante" no meu paletó, bem sobre o meu coração. Deu-me um outro laço e pediu-me que homenageasse uma outra pessoa. Esta noite, voltando para casa, comecei a pensar a quem homenagearia com este laço e pensei em você. Meus dias são muito tumultuados e, quando chego em casa, não lhe dou muita atenção. Algumas vezes grito com você por não tirar boas notas na escola e por seu quarto estar uma bagunça, mas, de qualquer forma, esta noite eu gostaria apenas de me sentar aqui e, bem, dizer-lhe que você é importante para mim. Além de sua mãe, você é a pessoa mais importante em minha vida. Você é um grande garoto e eu amo você.

O sobressaltado garoto começou a soluçar e não conseguia parar de chorar. Todo o seu corpo tremia. Ele olhou para o pai e disse através das lágrimas:

— Papai, eu planejava cometer suicídio amanhã, porque achava que você não me amava. Agora não preciso mais".

Trecho extraído do livro *Canja de Galinha para a Alma*, de J. Canfield & Mark Hansen.

Como o nosso tempo, hoje em dia, é muito curto, será que não estamos precisando dizer às pessoas que as amamos e que são importantes para nós? Porque não distribuirmos fitas azuis ou simples palavras aos nossos amigos, colegas, familiares, companheiros, subordinados e chefes? Pode ter certeza que a vida em seu redor seria muito melhor.

As atribulações do dia-a-dia têm afastado o ser humano do convívio mais constante do lar. E o que temos visto é que os filhos dessas famílias distantes do lar estão enveredando por caminhos que levam ao suicídio, como vimos no trecho acima.

Não estamos falando só no suicídio colocando o fim em sua vida física, mas, no suicídio por meio dos vícios que acabam matando aos poucos ou alijando seus usuários do convívio familiar.

Mesmo com nossa vida atribulada, se dermos atenção aos nossos filhos, à nossa(o) esposa(o), quando estamos em sua presença no lar, poderemos salvá-los e até nos salvar, como vimos anteriormente.

Demonstre seu amor, com mais atenção, com mais palavras de afeto e com menos dinheiro; você é capaz disso.

De nada adiantará darmos um cartão de crédito aos nossos familiares se não lhes dermos amor, que é muito mais necessário.

"VIVA A VIDA
POIS É...

Uma oportunidade, aproveite-a!
Beleza, admire-a!
Felicidade, deguste-a!
Um sonho, torne-o realidade!
Um desafio, enfrente-o
Um dever, cumpra-o!
Um jogo, jogue-o!
Preciosa, cuide dela!
Uma riqueza, conserve-a!
Amor, goze-o!
Um mistério, descubra-o!
Promessa, cumpra-a!
Tristeza, supere-a!
Um hino, cante-o!
Uma luta, aceite-a!
Uma aventura, arrisque-a!
Felicidade, mereça-a!
A vida, defende-a!"
(Madre Teresa)

É preciso saber viver

*"O encanto da vida depende
unicamente das boas amizades
que cultivamos."*

Que belo poema que só poderia sair de uma cabeça privilegiada como a de Madre Teresa e sua inabalável fé.
Infelizmente muitos ainda não aprenderam a encarar a vida como na realidade ela é e como afirma Madre Teresa no poema anterior.
A vida não é só trabalho, é também descanso;
A vida não é só responsabilidade, é também prazer;
A vida não é só se sentir poderoso, é também humildade;
A vida não é só ler assuntos sérios, é também saber apreciar um poema;
A vida não é só ver os defeitos dos outros, é também ver suas virtudes;
A vida não é para ficar guardada, é para ser vivida.
E você, como está vivendo a sua?
Esperando demais para fazer o que precisa ser feito, num mundo que só nos dá um dia de cada vez, sem nenhuma garantia do amanhã. Enquanto lamentamos que a vida é curta, agimos como se tivéssemos à nossa disposição um estoque inesgotável de tempo?
Esperando demais para dizer as palavras de perdão que devem ser ditas, para pôr de lado rancores que devem ser expulsos de nosso íntimo, para expressar gratidão, para dar ânimo, para oferecer consolo?
Esperando demais para sermos generosos, deixando que a demora diminua a alegria de dar espontaneamente?
Esperando demais para sermos pais dos nossos filhos pequenos, esquecendo quão curto é o tempo em que eles são pequenos, quão depressa a vida os faz crescer e ir embora?
Esperando demais para dar carinho aos nossos pais, irmãos e amigos. Quem sabe quão logo será tarde demais?
Esperando demais para enunciar as preces que estão esperando para atravessar nossos lábios, para executar as tarefas que estão esperando para ser cumpridas, para demonstrar o amor que talvez não seja mais necessário amanhã?
Esperando demais nos bastidores, quando temos um papel para desempenharmos no palco da vida?
Não espere demais para levar uma vida plena, pois também DEUS está agora esperando — esperando pararmos de esperar. Esperando começarmos a fazer agora tudo aquilo para o que este dia e esta vida nos foram dados.
Tenha um dia pleno de alegrias realizando suas obras.

"Alto deve ser o valor de suas idéias,
não o volume de sua voz.
O mundo ouve quem fala baixo,
mas pensa alto.
Gandhi falava baixo,
Chaplin fazia cinema mudo
Jesus Cristo jamais levantou a voz.
Em compensação:
Adolph Hitler gritava bastante.
Mostre que seu pensamento
caminha além de sua voz..."

Um líder de sucesso

*"Paixões são os únicos oradores
que persuadem sempre."*
(La Rochefoucauld — autor de *Máximas e Reflexões)*

Eis um belo tema para nossa reflexão. Será que aqueles que gritam mais alto, que querem se impor apenas pela voz ou até pela escrita (escrevendo ameaças) e ou pelas atitudes (agindo de maneira agressiva) terão sucesso?

O verdadeiro líder, dentro de uma empresa, de uma comunidade, de um clube ou na família impõe-se positivamente sem precisar levantar a voz. Suas idéias, seus argumentos e a paixão com que os expõe é que têm força.

Já, os ditadores e os falsos líderes precisam se impor pela força e para isso levantam a voz, ameaçam, são agressivos para quererem dominar seus semelhantes.

Seja um(a) verdadeiro(a) líder... seja um(a) bem-sucedido(a) cidadão(ã), esposo(a), pai ou mãe, filho ou filha fazendo prevalecer suas idéias e atitudes positivas por meio do diálogo, dos argumentos de sua força interior, não pelo volume de sua voz ou pela agressividade ou das ameaças de seus escritos.

Lembre-se de que o verdadeiro líder, o verdadeiro homem de sucesso é aquele que, por sua humildade (não confundir com submissão), vê, nos outros, não subordinados, mas, colaboradores, verdadeiros parceiros que juntos alcançarão o sucesso.

Um verdadeiro líder é aquele que respeita seu interlocutor, independentemente do nível social e hierárquico de cada um, respeita por ser educado e por ser, o seu interlocutor, um ser humano como ele.

Nos exemplos dados, Gandhi, Chaplin e Jesus, com sua mansidão, estão vivos em nossa memória até hoje como grandes personagens de sucesso de nossa história, enquanto Hitler...

Continue vivo na memória dos que o cercam como um ser humano digno e capaz. Alcance também seu sucesso.

As seis palavras mais importantes:
"Admito que o erro foi meu".
As cinco palavras mais importantes:
"Você fez um bom trabalho".
As quatro palavras mais importantes:
"Qual a sua opinião?"
As três palavras mais importantes:
"Faça o favor".
As duas palavras mais importantes:
"Muito obrigado".
A palavra mais importante:
"Nós".
A palavra menos importante:
"Eu".

Reinventando a vida?

*"Aonde fores,
vá com todo teu coração."*
(Confúcio)

Como perdemos, ao nascer, o manual de procedimentos da máquina mais perfeita que existe que é nosso cérebro, nossa mente, precisamos, durante nossa passagem por esta dimensão, ir aprendendo e acumulando esse aprendizado por toda a nossa vida.

São poucos os autodidatas. A maioria dos seres humanos aprende uns com os outros. Se alguém já viveu uma experiência que se tornou interessante após muitos erros, porque vamos cometer os mesmos erros? Vamos viver só essa parte interessante.

Não estamos dizendo que não se deve tomar iniciativa nenhuma; ao contrário. Poder ser que, após sucessivas experiências, chegaremos a resultados auspiciosos. A iniciativa e a criatividade são sempre muito boas para nossas realizações. O que estamos querendo dizer é que não precisamos reinventar a roda, a lâmpada ou qualquer outro invento que já existe partindo do nada.

Poderemos inventar um outro tipo de roda, de lâmpada, etc., diferente das já existentes, partindo do ponto em que já se encontram e não tentando reinventá-las do princípio.

Se passarmos para o campo do comportamento humano, também devemos aprender com nossos semelhantes as atitudes positivas, os comportamentos que possibilitem crescimento pessoal ou profissional, não precisaremos aprender partindo do nada.

Precisamos ler mais, observar mais, estar sempre atentos aos acontecimentos para não sermos apanhados pelas atitudes, comportamentos e ações negativas que nos serão prejudiciais. Por isso aprenda que não importa onde você já chegou, mas para onde o caminho que você tomou o está levando e continue na sua caminhada da paz, do amor, do sucesso, da amizade...

"A verdadeira amizade é como
a saúde perfeita, seu
valor raramente é reconhecido
até que seja perdida."
(Charles Caleb Colton)

Amigo

*"A amizade é o verdadeiro
sal da vida."*

    Amigo é quem te dá um pedacinho de chão, quando é de terra firme que você precisa, ou um pedacinho de céu, se é o sonho que te faz falta.
    Amigo é mais que mão estendida. É mente aberta, coração pulsante, costas largas. É quem tentou e fez. É quem não tem egoísmo. É aquele que dá e não espera o retorno porque o ato de compartilhar já satisfaz.
    É quem já sentiu, ou um dia vai sentir o mesmo que você. É aquele que entende o seu desejo de voar ou de sumir. É quem fica enfurecido ao enxergar o seu erro, embora saiba que a perfeição é utopia.
    É o sol que seca as suas lágrimas. É a polpa que adocica o seu sorriso. O amigo é aquele que toca a sua ferida. Vibra com suas vitórias, ou faz piada para amenizar um problema. É quem sorri, sem motivo aparente. É o achar aquilo que você nem sabia que buscava. É aquele que te ouve ao telefone, com a mesma atenção de quem está olhando nos seus olhos.
    Amigo é quem ouve e fala com o olhar. E tem a palavra certa no olhar que expressa dor ou alegria. É a lua, a estrela mais brilhante, a luz que renova a cada instante.
    Amigo é aquele que diz te amo, sem risco de ser mal interpretado.
    Amigo é quem te ama e ponto final. É verdade, é razão, é sonho ou sentimento. Amigo é para sempre.
    O que seria da vida sem amigos...
    Imagine-se vivendo numa cidade em que não se tenha amigos. O que se iria fazer depois do serviço? E algumas vezes depois do jantar? E nos fins de semana? E se tiver uma necessidade urgente, necessitar de um conselho?
    Sem amigos, após o serviço, depois do jantar, nos fins de semana iríamos sentar, invariavelmente em frente da TV e dormir ou assistir programas, na maioria das vezes, sem graça, sem atração. E se precisarmos de um conselho, se tivermos uma necessidade urgente? Recorrer a quem? A um estranho...
    Pode-se ter uma família maravilhosa, uma (um) esposa (o) a quem adoramos, mas se faltarem amigos, é como servir um jantar sem sal, sem tempero.
    Agora imagine-se numa cidade em que se tenha muitos amigos. O que iria fazer depois do serviço? Trocar uma idéia com o amigo. E depois, algumas vezes, do jantar? Bater um papo com o casal amigo, ir ao teatro, ao cinema, jogar cartas. E nos fins de semana? Que maravilha poder unir

as famílias para um churrasco, para um almoço fora, dando exemplo positivo aos filhos que, unidos, formarão uma sólida amizade. Se tivermos uma necessidade urgente, se precisarmos nos aconselhar, nossos amigos saberão nos estender a mão, como saberemos atendê-los se eles estiverem na mesma situação.

Realmente, viver numa cidade onde tenhamos amigos é muito mais saudável, mais alegre, tem muito mais vida, mais tempero, mais do que na primeira cidade onde não tínhamos amigos. É o sal, o tempero que faltava.

Agora, não podemos esquecer que a recíproca é verdadeira. A alegria que sentimos por termos amigos, eles também sentirão. O que esperamos deles, eles esperam de nós: lealdade, amizade sincera, paz e amor.

Tenha e cultive um milhão de amigos e sinta mais gosto pela vida.

"AMIGO é aquele que racha o sanduíche, divide a conta, empresta a prancha, dá carona, segura a barra
AMIGO é mais que testemunha, é cúmplice.
AMIGO é aliança no desespero; é mão forte no desequilíbrio;
é conforto na baixa; é festa no sucesso.
AMIGO é conquista, confiança, apoio, segurança.
AMIGO é tempo, bom ou mau, é comer um saco de sal.
AMIGO não partilha apenas a gasolina, partilha lembranças,
o pão, partilha o riso e a crise.
AMIGO partilha sonhos, projetos e propostas,
débito e crédito.
AMIGO partilha segredos.
AMIGO devolve o livro e o disco, o poema e o telefonema.
Empresta o talento, sugere o filme, joga no time, oferece o ombro,
socorre no tombo, empresta o calor e o cobertor.
AMIGO não dá apenas idéias, recomenda cautela,
assegura que a vida
é bela, oferece oportunidades, amplia horizontes, aplaina a estrada,
serena os ânimos, motiva, incentiva e segue junto.
AMIGO não caminha apenas lado o lado. Anda no silêncio
da dor, sem tirar nem pôr, entra em campo,
sai pra galera e para o abraço.
AMIGO que é amigo segura a barra, segura a mão, segura
as lembranças, a ausência, a confissão,
o tranco e o palavrão.
Dúzias de amigos assim, ninguém tem.
Se tiver um, Graças a Deus, Amém."

Amigos

*"Em coisas insignificantes
é que se avalia o
verdadeiro amigo."*

Muita gente vai entrar e sair da sua vida.
Mas somente verdadeiros amigos deixarão marcas em seu coração.
Para se segurar, use a cabeça;
Para segurar os outros, use o coração.
Ódio é apenas uma curta mensagem de perigo:
Grandes mentes discutem idéias,
Mentes medianas discutem eventos,
Mentes pequenas discutem pessoas.
Aquele que perde a fé, perde tudo,
Aquele que perde um amigo, perde muito mais.
Jovem bonito é um acidente da natureza;
Velho bonito é uma obra de arte.
Aprenda com os erros dos outros,
Você não poderá viver o bastante para cometê-los todos por si só!
Amigos, eu e você... você trouxe outro amigo...
E nós iniciamos um grupo... seu círculo de amigos.
E como um círculo não tem começo e nem fim...
Ontem é história. Amanhã é mistério, hoje é uma dádiva.
Mostre aos seus amigos quanto eles são importantes.

Analise sua vida sem amigos e o que você vai encontrar? Apenas um vazio.

A vida é formada por amigos que podem ser familiares, colegas de serviço, de estudo, de voluntariado, de uma viagem. Tenha um milhão de amigos e, por conseguinte, uma vida plena.

"Amigos são como flores
Eles somam cor para sua vida.
Eles esparramam fragrância,
Eles enxugam suas lágrimas.
Eles estão sempre lá
Quando você precisa deles.
Quando você está mal
Eles apóiam você
E o colocam pra cima.
Eles o colocam pra cima
Com sua alegria de viver.
Pense neles
Eles podem não lhe falar
Quando eles precisam de você.
Você tem que ser sensível
Para sentir suas necessidades.
Eles nunca o culpam
Porque são seus verdadeiros amigos.
Eles vêem só as coisas boas dentro de você.
Eles o amam da maneira que você é.
Eles pensam muito em você,
Eles lutam por você.
Eles lhe deram um lugar em seu coração.
E eles sabem muito bem
Que eles não sobreviveriam sem você por perto
É por isso que somos amigos para sempre."

Aos queridos amigos e amigas

*"O e-mail é uma poderosa
arma que quando usada
com sabedoria
só nos trás saber e alegria."*

"Às vezes, nós nos perguntamos por que nossos amigos nos encaminham *e-mails* sem escrever uma só palavra de ordem pessoal, só dão 'Encaminhar'.

Talvez isso possa explicar:

— Quando você está muito ocupado, mas quer manter contato, adivinhe o que faz?

Você encaminha *e-mails*.

— Quando você não tem nada a dizer, mas quer dizer "oi"?

Você encaminha *e-mails*.

— Quando você tem alguma coisa para falar, mas não sabe o que, nem sabe como...

Você encaminha *e-mails*.

Apenas para dizer:

'Você ainda é lembrado, você ainda é importante, você ainda é amado, eu ainda me preocupo com você, você ainda é querido!'

Adivinhe o que você vai receber?

Um *e-mail* encaminhado por mim...

Então, meu amigo, da próxima vez, não pense que eu apenas te mandei mais um *e-mail* e, sim, que pensei em você."

E você, já mandou *e-mails*, hoje, para seus amigos?

Se não mandou, ainda dá tempo, mas, como vimos, mande *e-mails* inteligentes, em forma de poesias, de crônicas, de comentários, com figuras, com música, lindos, que emocionem a quem os receber.

Realmente, a Internet é uma arma poderosa que poderá nos enviar vírus vindo de uma alma distorcida, revoltada, infeliz ou rosas acompanhadas de belas palavras, de uma alma em paz consigo mesma, que tornarão nossos dias mais alegres e felizes.

"O ontem é história.
O amanhã um mistério.
O hoje é uma dádiva.
E é por isso que se chama Presente!
O amigo é uma dádiva que tem que
estar sempre Presente."

Neste mesmo instante

*"Acredito que esta vida
é muito especial...viva e
saboreie cada momento..."*

Algumas pessoas passam por nossas vidas e se vão rapidamente...

Algumas outras se convertem em amigos e permanecem por algum tempo... deixando lindas marcas em nossos corações...

E nunca voltamos a ser os mesmos, porque conseguimos um bom amigo!

E, por ser imprescindível termos um amigo, é que um anjo amigo especial enviou-nos o poema a seguir.

Neste mesmo instante:

— Alguém está muito orgulhoso de você.
— Alguém está pensando em você.
— Alguém está preocupado com você.
— Alguém sente falta de você.
— Alguém quer falar com você.
— Alguém quer estar com você.
— Alguém espera que você não tenha problemas.
— Alguém está agradecido pelo apoio que você deu.
— Alguém quer apertar sua mão.
— Alguém espera que tudo saia bem.
— Alguém quer que você seja feliz.
— Alguém quer que você o encontre.
— Alguém está celebrando seus sucessos.
— Alguém quer te dar um presente.
— Alguém pensa que você é um presente.
— Alguém espera que você não sinta muito frio nem muito calor.
— Alguém quer te abraçar.
— Alguém te ama.
— Alguém admira sua força.
— Alguém está pensando em você e sorrindo.
— Alguém quer estar no seu ombro e chorar.
— Alguém quer sair com você e se divertir.
— Alguém pensa muito em você.
— Alguém quer te proteger.
— Alguém faria qualquer coisa por você.
— Alguém quer ser perdoado.

— Alguém está agradecido por seu perdão.
— Alguém quer rir com você.
— Alguém lembra de você e gostaria que você estivesse lá.
— Alguém está agradecendo a.... por ti.
— Alguém necessita saber que sua amizade é incondicional.
— Alguém quer te dizer o muito que você significa.
— Alguém quer compartilhar seus sonhos com você.
— Alguém quer te amparar.
— Alguém quer ser amparado por você.
— Alguém assessora o seu espírito.
— Alguém deseja poder parar o tempo por você.
— Alguém agradece a Deus por seu carinho e sua amizade.
— Alguém não pode esperar para te ver.
— Alguém gosta de você pelo que você é.
— Alguém gosta da maneira de como você o/a faz sentir bem.
— Alguém quer estar com você.
— Alguém quer que você saiba que sempre estará lá para você.
— Alguém está contente por você ser seu amigo.
— Alguém quer ser seu amigo.
— Alguém passou toda uma noite em claro pensando em você.
— Alguém esta desejando que você lhe preste atenção.
— Alguém quer te conhecer melhor.
— Alguém quer estar perto de você.
— Alguém sente falta de seus conselhos.
— Alguém tem fé em você.
— Alguém confia em você.
— Alguém necessita de que você lhe envie esta carta.
— Alguém necessita de seu apoio.
— Alguém necessita de que você tenha fé neles.
— Alguém chorará ao ler isto.
— Alguém necessita de que você permita ser seu amigo.
— Alguém escuta uma música que faz lembrar de você.

Envie este belo poema a algum amigo numa data especial e ele lhe ficará, tenha certeza, agradecido.

Amigos se conquistam com coisas simples, com um olhar significativo, com um aperto de mão, uma palavra amiga, um recado ou um poema, enfim, uma lembrança.

"Vale a pena a tentativa e não o receio;
Vale a pena confiar e nunca ter medo;
Vale a pena encarar e não fugir da realidade...
Ainda que eu fracasse, vale a pena lutar.
Vale a pena discordar do melhor amigo e não apoiá-lo
em suas atitudes erradas;
Vale a pena corrigi-lo;
Vale a pena encarar-me no espelho e ver
se estou certo ou errado;
Vale a pena procurar ser o melhor e aí...
Vale a pena ser o que for...
Enfim...
Vale a pena viver a vida, já que a vida não é tudo
que ela pode nos dar,
Mas, sim, tudo o que podemos dar por ela."

Preciso de alguém

*"A falta de amigos faz com que o
mundo pareça um deserto."
(Francis Bacon)*

Para não ficar precisando de alguém, colocamos os vários poemas, versos, comentários sobre o amigo. Refletindo sobre eles, sentimos como é importante a amizade. Para completar esses pensamentos sobre o amigo, leia a seguir o que escreveu Charles Chaplin a respeito:
"Preciso de Alguém
Que me olhe nos olhos quando falo.
Que ouça as minhas tristezas e neuroses com paciência.
E, ainda que não compreenda, respeite os meus sentimentos.
Preciso de alguém que venha brigar ao meu lado sem precisar ser convocado; alguém Amigo o suficiente para dizer-me as verdades que não quero ouvir, mesmo sabendo que posso odiá-lo por isso.
Nesse mundo de céticos, preciso de alguém que creia nessa coisa misteriosa, desacreditada, quase impossível:
— A Amizade.
Que teime em ser leal, simples e justo; que não vá embora se algum dia eu perder o meu ouro e não for mais a sensação da festa.
Preciso de um Amigo que receba com gratidão o meu auxílio, a minha mão estendida.
Mesmo que isso seja muito pouco para suas necessidades.
Preciso de um Amigo que também seja companheiro nas farras e pescarias, nas guerras e alegrias, e que, no meio da tempestade, grite em coro comigo:
'Nós ainda vamos rir muito disso tudo' e ria muito.
Não pude escolher aqueles que me trouxeram ao mundo, mas posso escolher meu Amigo.
E, nessa busca, empenho a minha própria alma, pois, com uma Amizade Verdadeira, a vida torna-se mais simples, mais rica e mais bela..."
E, pode ter certeza, ainda há muito o que falar sobre o amigo, sobre a verdadeira amizade que tanto enriquece nossa vida.

"Muitas vezes as pessoas são egocêntricas, ilógicas e insensatas...
Você deve sempre perdoá-las!
Quando você é gentil, alguns podem achá-lo egoísta, interesseiro...
Seja gentil, mesmo assim!
Se você é um vencedor, terá sempre a seu lado alguns falsos
amigos e muitos inimigos de verdade...
Procure ser um vencedor apesar disso!
Sempre que você for honesto e franco,
poderá ser facilmente enganado...
Seja honesto e franco de qualquer forma!
Alguém pode destruir num segundo tudo aquilo
que você levou anos para construir...
Construa mais!
Se você tem paz e é feliz, haverá sempre quem tenha inveja de
você...
Seja feliz, apesar de tudo!
Dê ao mundo o melhor de você...
E, se isso não for bastante, mesmo assim, dê o melhor de você!
O que importa não é o que acontece entre você e os outros, mas, o
que acontece entre você e você mesmo, entre você e o seu Deus."
(Madre Tereza)

Nossas orações

*"Nunca ore suplicando cargas
mais leves e sim
ombros mais fortes."*
(Philips Brokes)

Pedi a Deus para tirar a minha dor.
Deus me disse não: — Não cabe a Mim tirá-la, mas a você desistir dela.
Pedi a Deus para fazer com que meu filho, deficiente físico, fosse perfeito.
Deus me disse não: — Seu espírito é perfeito, seu corpo apenas provisório.
Pedi a Deus para dar-me paciência.
Deus me disse não: — A paciência é um derivado de tribulações. Não é doada... é conquistada.
Pedi a Deus para dar-me felicidade.
Deus me disse não: — Eu lhe dou bênçãos. A felicidade depende de você.
Pedi a Deus para proteger-me da dor.
Deus me disse não: — O sofrimento separa-lhe os conceitos do mundo e traz-lhe para mais perto de Mim.
Pedi a Deus para fazer meu espírito crescer.
Deus me disse não: — Você tem que crescer sozinho, mas Eu lhe podarei para que você possa dar frutos.
Pedi a Deus todas as coisas para que eu pudesse gostar da vida.
Deus me disse não: — Eu lhe dou a vida para que você possa gostar de todas as coisas.
Pedi a Deus para ajudar-me a amar aos outros tanto quanto Ele me ama.
Deus me disse: — "Ahhh! Finalmente você captou a idéia!" "Ama a teu próximo como a ti mesmo."
Se você ama Deus e se julga capaz de poder amar ao próximo, ajudar a propagar esse amor, envie esta linda mensagem para todos os seus parentes, colegas, amigos, vizinhos, enfim, para todas as pessoas que você considera.
A mensagem de amor que Deus nos enviou por meio de seu Filho sobreviveu a tudo até hoje e continuará a sobreviver enquanto seus filhos a propagarem.

Nossos pedidos serão atendidos em seu tempo, se soubermos o que pedir e batalhar para conquistá-los, se tivermos determinação, vontade e ética para chegarmos até eles.

Vamos enviar esta mensagem, de autor desconhecido, mas iluminado, a quem consideramos e, mesmo a quem não considerarmos, pois o amor é grande, o amor perdoa.

"Perguntei a um sábio a diferença que havia
entre amor e amizade, ele me disse esta verdade...
— O Amor é mais sensível, a Amizade mais segura.
O Amor dá-nos asas, a Amizade o chão.
No Amor há mais carinho, na Amizade compreensão.
O Amor é plantado e com carinho cultivado,
a Amizade vem faceira, e com troca de alegria e tristeza,
torna-se uma grande e querida companheira.
Mas, quando o Amor é sincero, ele vem com grandes amigos,
e quando a Amizade é concreta, ela é cheia de amor e carinho.
Quando se tem amigos como você...
ambos sentimentos coexistem
dentro do seu coração."

Coração bobalhão

*"Somos maravilhosos seres
espirituais tendo
uma experiência humana."*
(Louise L.Hay)

"Quem sou?
Sou um coração humano que bate no peito de uma mulher.
Mulher comum, simples... que chora e sorri como outra qualquer.
Alguns me chamam de Coração Bobalhão.
Não aprendi a odiar.
Não experimentei o Orgulho; desconheço seu sentido.
Amo intensamente das diversas maneiras como o amor se apresenta.
Perdôo com a mesma intensidade os corações que me fazem sofrer, chorar.
Não compreendo como tantos corações batem felizes diante das Injustiças, da Fome, das Inverdades, dos Enganos, dos Preconceitos, dos Desabrigos, dos Abandonos, dos Desamores!

Será por isso que me chamam de bobalhão?

Não sou um coração de todo anjo, também não sou de todo inverso.
Falho nas batidas, falho muitas vezes...
Sou um coração humano!
Deve haver algo errado comigo; não sei odiar.
Deve haver algo errado comigo; só sei amar.
Deve haver algo errado comigo; não sinto orgulho.
Deve haver algo errado comigo; deixo-me ferir.
Deve haver algo errado comigo; vejo o mundo colorido!

Será por isso que me chamam de bobalhão?

Sonho em viver um grande amor, como sonham todos os corações românticos.
O Amor que quero viver é o amor que transcende além dos prazeres do corpo, que ultrapassa os próprios limites:
Amor que é cúmplice;
Amor que é voluntário;
Amor que é desejo;
Amor que é amizade;
Amor que é ombro;
Amor que é conforto;
Amor que é abrigo!

Amor que é verdade;
Amor que é liberdade;
E, por ser assim...
É Único e Completo;
Amor Gêmeo!

Sou um coração bobalhão;

Que se sente só, incompleto;
Sou o Coração da Meia Lua!
Um coração que busca um coração gêmeo, talvez bobalhão, ingênuo, mas, único e verdadeiro.
Um coração que busca aprender a Amar ainda mais.
Um coração que busca Perdoar e Compreender ainda mais.
Cada vez mais!
Um coração que chama por sua metade para Amar plenamente!
Deve haver algo errado comigo... isto eu sei!
Mas é assim que sei Amar!
Assim quero Amar!
Assim quero ser Amada!
Não sou um coração com o dom da poesia, assim como o coração dos poetas!
Sou um simples coração que rabisca com sentimentos!"

Que linda poesia sobre o coração de uma mulher que deseja amar, que deseja entender os outros corações, que deseja um coração similar ao seu para Amar.

Pena que um coração, assim bobalhão, assim feliz, anda tão difícil de ser encontrado.

Pena que o ser humano esqueceu o sentir, o amar e só se tornou racional. É preciso resgatar esse coração bobalhão para que, com sua simplicidade e pureza, possamos encontrar a felicidade.

É por isso que muitas mulheres estão encontrando o sucesso, a felicidade, nos negócios, no lar, nos relacionamentos, porque ainda mantêm um coração bobalhão.

Que coração bobalhão mais esperto consegue conquistar até a felicidade.

> "Não me envergonho de corrigir
> Meus erros e mudar minhas opiniões
> Porque não me envergonho de
> Raciocinar e aprender."
> (Alexandre Herculano —
> historiador português)

Alguns alcançam o sucesso, outros fracassam... Por que será?

"Não deixe que qualquer erro o impeça de acreditar em si mesmo. Aprenda com ele e vá em frente."
(Normam Vincent Peale)

Esta pergunta tem deixado muita gente confusa desde que os seres humanos tornaram-se insatisfeitos com as cavernas em que viviam e tentaram descobrir alguma maneira de tornar a vida mais confortável. Talvez as comparações seguintes, elaboradas por Napoleon Hill, entre as características do indivíduo fracassado e do bem-sucedido ajudem a responder à pergunta.

O bem-sucedido sabe exatamente o que deseja, tem um plano para conseguir o que quer, acredita em sua capacidade de consegui-lo e dedica grande parte de seu tempo a esse fim. O fracassado não tem objetivo claro na vida, acredita que todo sucesso é resultado de "sorte" e só faz alguma coisa quando forçado.

O bem-sucedido é uma espécie de vendedor experiente que aprendeu a arte de influenciar pessoas e levá-las a cooperar, de maneira cordial, para executar seus planos e objetivos. O fracassado critica as pessoas. Pára o que está fazendo para criticar.

O bem-sucedido pensa antes de falar. Pesa com cuidado as palavras. E enfatiza o que gosta nas pessoas, minimizando o que não gosta ou sequer o mencionando.

O fracassado faz exatamente o contrário. Fala primeiro, pensa depois. Suas palavras só servem para provocar arrependimento e embaraço e custam-lhe benefícios irrecuperáveis por causa do ressentimento que causam.

O bem-sucedido só expressa opiniões depois de ter se informado, de modo que pode falar inteligentemente. O fracassado manifesta opiniões sobre assuntos que pouco conhece ou desconhece inteiramente.

O bem-sucedido prepara um orçamento de seu tempo, renda e despesas. Vive dentro de seus meios. O fracassado desperdiça tempo e renda com uma desdenhosa indiferença pelo valor de ambos.

O bem-sucedido sente profundo interesse pelos outros, especialmente por aqueles com quem tem alguma coisa em comum, e cultiva com eles laços de amizade. O fracassado cultiva apenas aqueles de quem espera alguma coisa.

O bem-sucedido tem mente aberta e é tolerante em todos os assuntos e com todas as pessoas. O fracassado tem mente fechada, saturada de intolerância, que o impede de reconhecer as oportunidades favoráveis e o priva da cooperação amiga dos demais.

O bem-sucedido mantém-se atualizado e considera uma responsabilidade importante saber o que está acontecendo, não apenas em seu ramo de negócios, profissão liberal ou comunidade, mas, em todo o mundo. O fracassado interessa-se apenas por suas necessidades imediatas, procurando satisfazê-las por todos os meios disponíveis — honestos ou desonestos.

O bem-sucedido, em todas as ocasiões, mantém positivas a mente e as opiniões. Reconhece que o espaço que ocupa no mundo e o sucesso que desfruta dependem da qualidade e quantidade do serviço que presta. Desenvolve o hábito de prestar mais serviço do que promete. O fracassado procura conseguir "alguma coisa por nada" ou, por meios escusos, alguma coisa que não merece. E, quando não consegue obtê-la, acusa os outros de ganância.

O bem-sucedido sente respeito por seu Criador e manifesta, com freqüência, essa convicção por meio de orações e de atos de ajuda ao próximo. O fracassado em nada acredita, senão em seu desejo de comida e abrigo, e procura consegui-los à custa dos outros, quando e como pode.

Tudo pesado, há uma grande diferença entre as palavras e os atos dos bem-sucedidos e os dos fracassados. Mas todos são o que são e estão onde estão por causa de sua atitude mental em relação a si mesmos e aos demais.

Autor de vários livros de sucesso, no artigo acima Hill dá-nos uma verdadeira aula para fugirmos do fracasso e nos tornarmos bem-sucedidos na vida. Mas, como já havíamos afirmado no início do livro, só tomar conhecimento das lições sem colocá-las em prática não nos levará a lugar nenhum.

Se quisermos realmente ser bem-sucedidos é preciso fazermos uma reflexão e colocar em prática o que aprendemos.

Mãos à obra...

> "O verdadeiro valor de um homem não pode
> ser encontrado nele mesmo, mas, nas cores e
> texturas que faz surgir nos outros."
> (Albert Schweitzer)

Seja brilhante

*"Uma coisa só é impossível até
que alguém duvide e
acaba provando o contrário."*
(Albert Einstein)

Se você fez sua lição de casa preparando e planejando seus sonhos, suas metas ou seus objetivos de vida, não se limitando ao que você é hoje, é preciso agora ir colocando-os em ação.

Para tal, é preciso darmos ênfase à nossa inteligência interior (o poder da mente, do pensamento positivo, da Lei do Retorno, da Lei das Profecias Auto-realizáveis, etc.) para podermos aprender a diferença que realmente faz a diferença, que é perder o medo do ridículo, da rejeição, aprendendo a ousar e a sair do lugar comum.

Podemos afirmar que ridículo é tudo que foge ao padrão comum, que foge ao que os outros esperam de nós. Sem nos livrarmos desse medo de poder errar não ousaremos, ficaremos no lugar comum.

Livrando-nos desse medo, poderemos ousar, inovar, dar asas à nossa criatividade, assumirmos nossa espontaneidade e nossa afetividade (mesmo que nos julguem ridículos), mas, sem esquecer da ética, da consciência ecológica, da responsabilidade social.

Todos nascem como um diamante bruto, com seu valor intrínseco. Aqueles que ficam no lugar comum, que se encolhem em seu canto, continuam como os diamantes brutos, enterrados nas minas: continuam diamantes, mas nunca serão brilhantes, pois sua potencialidade de sê-lo está enterrada. E, quantos "diamantes brutos" vivem perdidos por aí, por não saberem se lapidar!

Para tornar-se um verdadeiro "brilhante", é preciso lapidar a mente estudando, aprendendo, ousando, vencendo a rejeição, criando, sem o medo de errar. Quem erra, mas, com inteligência, por haver ousado, por haver criado, não pode ser julgado. Para dar um exemplo clássico, lembremo-nos de Thomas Edison que errou e continuou tentando acertar por mais de mil vezes, errando sempre, mas, persistindo (não repetindo) sem desistir até chegar na lâmpada elétrica. Se tivesse medo da rejeição, do ridículo, de errar, não teria realizado a fantástica descoberta da lâmpada que mudou o mundo e se tornado um milionário, ou melhor, um brilhante valioso. Ele assumiu seu talento, sua criatividade, sua intuição para tornar-se esse valioso brilhante.

Como ele, podemos encontrar muitos outros que souberam vencer seu medo do ridículo, seu medo da rejeição e venceram na vida apesar de serem considerados pessoas sem muita perspectiva, tornando-se brilhantes famosos.

De uma extensa lista, em artigo publicado por uma revista americana, separamos alguns. Vejamos o que o mesmo diz sobre algumas pessoas que todos conhecem, para confirmar mais uma vez o que afirmamos:

• Fred Astaire — Depois de ter completado o primeiro teste como ator, recebeu o seguinte resultado sobre seu desempenho: "Este senhor é um fraco dançarino e não sabe representar".

E ele foi um dos maiores dançarinos e artista de fama de Hollywood.

• Beethoven — Esse jovem tem uma maneira estranha de manusear o violino. Prefere tocar suas próprias composições em vez de aprimorar a sua técnica. Seu professor qualificou-o como sendo sem esperanças para ser compositor.

E ele ainda é considerado um dos maiores compositores do mundo.

• Walt Disney — Foi despedido de um jornal por falta de idéias.

E todos conhecem a profusão de idéias e o sucesso que ele fez. Hollywood jamais viu alguém com tantas idéias como ele.

• Thomas Edison — Seu professor disse-lhe que ele era muito estúpido para aprender qualquer coisa.

E foi ele que, entre tantas descobertas, deu-nos a lâmpada elétrica, como vimos antes.

• Albert Einstein — Na avaliação de sua tese de doutorado, veio apenas a frase: "Essa tese é irrelevante. Foi expulso, alguns anos depois, da Escola Politécnica de Zurique".

Todos conhecem sua Teoria da Relatividade que revolucionou o mundo e suas teses.

Como eles, muitos outros viram-se rejeitados num primeiro momento, mas, depois atingiram a glória acreditando em sua potencialidade.

Pelé, antes de ir para o Santos, foi rejeitado em alguns dos grandes times de São Paulo. Foi ele, em fim de carreira, que introduziu praticamente o futebol nos Estados Unidos da América. Quem acreditava no Guga (Gustavo Kuerten) quando ele ganhou o primeiro torneio? Bem poucos e hoje (2001) ele conquistou o tricampeonato de Roland Garroux de tênis. Eles acreditaram em si, não tiveram medo do ridículo, da rejeição, prepararam-se, lutaram com determinação e tornaram-se... brilhantes no que acreditaram.

Poderíamos ir desfiando a vida de muitos outros que, acreditando em seu potencial, não deixaram sua auto-estima cair, não deram bola para a "torcida", não ouviram os negativistas de plantão, ouviram apenas a voz interior dizendo: sou forte, acredito, eu posso, e realmente conseguiram. Para fazer acontecer é preciso acreditar.

Reflita mais uma vez, mude sua maneira de pensar. Vá à luta com força e determinação, vença o medo do ridículo e da rejeição para vencer as barreiras que possam estar à sua frente.

Neste novo milênio, que está apenas começando e que oferece oportunidades sem fim, só terá sucesso quem estiver à frente, quem vencer o medo do ridículo, da rejeição, de escolher, de tomar decisões, podendo errar no início, mas acertando com a persistência, com a intuição, com a criatividade.

Quem decide poderá errar, é verdade, mas, quem não tomar decisões já errou.

"Vá em frente... brilhe... seja... brilhante.
"Se o problema tem solução,
não esquente a cabeça,
porque tem solução.
Se o problema não tem solução,
não esquenta a cabeça,
porque não tem solução."
(Provérbio chinês)

Morrer lentamente

*"Ao chegar nesse ponto,
não existe nada por fazer,
existe muito para aprender."*

"Morre lentamente quem não troca de idéias, não troca de discurso, evita as próprias contradições.

Morre lentamente quem vira escravo do hábito, repetindo todos os dias o mesmo trajeto e as mesmas compras, quem não troca de marca, não arrisca vestir uma cor nova, não dá papo para quem não conhece.

Morre lentamente quem evita uma paixão, quem prefere o "preto no branco" ou os "pingos nos is" a um turbilhão de emoções indomáveis, justamente as que resgatam o brilho nos olhos, sorrisos e soluços, coração aos tropeços... sentimento.

Morre lentamente quem não vira a mesa quando está infeliz no trabalho, quem não arrisca o certo pelo incerto atrás de um sonho, quem não se permite, uma vez na vida, fugir dos conselhos sensatos.

Morre lentamente quem não viaja, quem não lê, quem não ouve música, quem não acha graça em si mesmo.

Morre lentamente quem passa os dias queixando-se da sorte ou da chuva incessante, desistindo de um projeto antes de iniciá-lo, não perguntando sobre um assunto que desconhece e não respondendo quando lhe indagam o que sabe.

Evitemos a morte em suaves prestações, lembrando que estar vivo exige um esforço bem maior do que simplesmente respirar."

Reflita quantas verdades estão contidas nessas linhas. Realmente, acabamos morrendo lentamente se não tivermos coragem de quebrar as amarras do cotidiano.

Quantas pessoas passam a vida toda num emprego de que nunca gostaram aguardando a aposentadoria? E, quantas delas adquirem úlceras ou outras doenças em razão dessa angústia de ter de ir trabalhar aonde não gostam? Por que não quebrar esse vínculo logo ou por que não procurar gostar do que faz? E essa opção de gostar ou não está somente em suas mentes.

Analisando a crônica anterior, podemos concluir que é o que dá colorido à vida que deixamos de fazer, de realizar.

Em muitos casos, é por pura covardia, medo, em outros casos por acomodação, preguiça.

Vamos sair de nossa inércia e curtir a vida que merecemos.

O colorido da vida está em fazermos o que gostamos, apesar do trabalho e dos sacrifícios exigidos.

A vida só tem valor e é gostosa de ser vivida quando tem colorido...

"Vinha Cristo com Seus apóstolos pelo deserto quando encontram um homem, em cima de sua carroça de bois, atolada na lama, rezando. Pedia ao Pai que lhe ajudasse a sair do atoleiro, com as mãos cruzadas no peito.
Cristo e os apóstolos passaram por ele. Bem mais na frente, outro homem com sua carroça de bois atolada na lama, mas blasfemando (Pai, como podes deixar isso acontecer, que porcaria de estrada é essa...), dando com a vara nos bois, empurrando-os, transpirando. Cristo olhou para os Seus discípulos e disse: — Irmãos, vamos ajudar nosso irmão. A carroça logo saiu do atoleiro e seguiu viagem.
Pedro chegou-se a Cristo e o indagou: — Mestre, não entendi Sua ação. Ao primeiro homem que rezava ao pai e pedia ajuda você nada fez, a este que até blasfemava, foi ajudado?
— Pedro, é fácil de entender:
Ajuda-te que Eu te ajudarei — disse o Pai."

Mãos...

*"Pretendo ir muito além de onde eu
estava quando acordei esta manhã.
Com vontade e determinação chegarei lá."*

"Uma bola de basquete...
nas minhas mãos vale uns R$ 35,00
nas mãos do Oscar vale R$ 7.000,00.
Depende das mãos que a seguram.
Uma bola de vôlei...
nas minhas mãos vale uns R$ 25,00
nas mãos do Tande vale uns R$ 5.000,00.
Depende das mãos que a seguram.
Uma raquete de tênis...
em minhas mãos não tem uso algum
nas mãos do Guga tornou-o o número 1 do mundo.
Depende das mãos que a seguram.
Uma vara...
em minhas mãos vai manter os animais afastados de mim
nas mãos de Moisés abriu o mar vermelho.
Depende das mãos que a seguram.
Uma funda...
nas minhas mãos é apenas um brinquedo
nas mãos de Davi tornou-se uma arma poderosa.
Depende das mãos que a seguram.
Dois peixes e cinco pães...
nas minhas mãos se tornam alguns sanduíches
nas mãos de Cristo alimentaram multidões.
Depende das mãos que os seguram.
Pregos...
nas minhas mãos podem significar a construção de uma casa
nas mãos de Cristo significaram a salvação do mundo.
Depende das mãos.
Como você pode concluir agora, tudo depende das mãos...
Então, coloque suas preocupações, seus sonhos, seus anseios, seus temores, seus interesses, sua família, sua vida, nas mãos de Deus!
Pois tudo depende das mãos que os têm."
Só não devemos esquecer de que Deus colocou-nos no mundo para sermos donos de nosso destino. Ele nos deu o livre-arbítrio. Portanto, não será Ele que resolverá nossos problemas só porque os colocamos em Suas mãos.

Como vimos antes, o Pai disse: — Ajuda-te que eu te ajudarei. Não vá fazer como o primeiro homem e seu carro de bois: colocar os problemas nas mãos de Deus e esperar que Ele os resolva para você.

Faça como o segundo (não precisa blasfemar), mas, faça sua parte, com esforço e determinação, transpire se necessário, até ore, mas, sempre tenha fé que você conseguirá resolver seus problemas.

Não esqueça as palavras Dele: — Ajuda-te que Eu te ajudarei.

"Para ser bem-sucedido na vida,
sempre dê crédito aos
pensamentos de êxito
e de sucesso,
nunca aos de
fracasso. "

A outra janela

*O amor é tudo
De que preciso
Para consertar minha vida.*

"A menina debruçada na janela trazia nos olhos grossas lágrimas e o peito oprimido pelo sentimento de dor causado pela morte de seu cão de estimação.

Com pesar, observava atenta ao jardineiro a enterrar o corpo do amigo de tantas brincadeiras.

O avô, que observava a neta, aproximou-se e envolveu-a em um abraço, tomou-a pela mão e conduziu-a para uma janela localizada no outro lado da ampla sala, para que visse o jardim florido e perguntou-lhe carinhosamente:

— Está vendo aquele pé de rosas amarelas bem ali à frente? Lembra que você me ajudou a plantá-lo? Foi em um dia de sol como hoje que nós dois o plantamos. Era apenas um pequeno galho cheio de espinhos e, hoje, veja como está lindo, carregado de flores perfumadas e botões como promessa de novas rosas.

A menina enxugou as lágrimas que ainda teimavam em permanecer em sua face e abriu um largo sorriso mostrando as abelhas que pousavam sobre as flores e as borboletas que faziam festa entre umas e outras das tantas rosas de variados matizes que enfeitavam o jardim.

O avô, satisfeito por tê-la ajudado a superar o momento de dor, falou-lhe com afeto: — A vida oferece-nos várias janelas. Quando a paisagem de uma delas nos causar tristeza é só buscarmos outra, e certamente nos depararemos com uma paisagem diferente, capaz de nos dar conforto. Tantos são os momentos de nossa existência, tantas as oportunidades de aprendizado que nos visitam no dia-a-dia que não vale a pena sofrer diante de quadros que não podemos alterar."

Todos os momentos de nossas vidas são experiências valiosas, das quais devemos tirar lições oportunas sem nos deixar tragar pelo desespero ou revolta.

Se hoje, de uma de suas janelas, você observa um quadro desolador, lembre-se de que existem tantas outras janelas, com paisagens repletas de promessas de melhores dias.

Não se permita simplesmente contemplar a janela da dor. Por alguma razão ela foi necessária, mas não para ficarmos nela, lamentando-nos por muito tempo.

Aproveite a lição e abra novas janelas, seguindo em frente com ânimo e muita disposição.

O que realmente vemos...

*"Antes de julgar,
passe pelos três crivos:
da verdade, da bondade e da utilidade
e seja sábio fugindo das fofocas."*

"Um casal, recém-casado, mudou-se para um bairro muito tranqüilo. Na primeira manhã que passavam em casa, enquanto tomavam café, a mulher reparou em uma vizinha que pendurava lençóis no varal e comentou com o marido: Que lençóis sujos ela está pendurando no varal! Está precisando de um sabão novo. Se eu tivesse intimidade perguntaria se ela quer que eu a ensine a lavar as roupas.

O marido observou calado. Três dias depois... durante o café da manhã, a vizinha pendurava lençóis no varal e novamente a mulher comentou com o marido:

— A vizinha continua pendurando os lençóis sujos! Se eu tivesse intimidade perguntaria se ela quer que a ensine a lavar roupas.

E assim, a cada três dias, a mulher repetia seu discurso, enquanto a vizinha pendurava suas roupas no varal. Passado um mês, a mulher surpreendeu-se ao ver os lençóis muito brancos sendo estendidos e, empolgada, foi dizer ao marido:

— Veja, ela aprendeu a lavar as roupas, será que a vizinha deu sabão? Porque eu não fiz nada. O marido calmamente respondeu:

— Não, hoje eu levantei mais cedo e lavei a vidraça da nossa janela!"

Quantas vezes agimos assim com as possíveis aparências, fazendo críticas, comentários negativos, muitas vezes maldosos, sem nos darmos conta de que podemos não estar enxergando a realidade.

Será que a coisa não foi feita assim porque não havia outra condição? Será que não faltou dinheiro? Será...? Será...? e assim poderemos ir apontando mil outros serás se ficarmos atentos, se não nos precipitarmos em julgar primeiro antes de conhecer a verdadeira realidade.

E, se a realidade era realmente lençóis sujos, deveríamos, antes de fazer comentários, como bons cidadãos e ainda por cima cristãos, auxiliar a pessoa que assim estava atuando.

Criticar é fácil, o difícil é realizar. Seja sábio...

"Ao meditar, sereno minha mente
e me pergunto:
— O que eu preciso saber hoje?
Tenho certeza de
que no transcorrer do dia,
a qualquer momento,
terei a resposta."

Para meditar e aprender

*"Os sonhos se realizam.
Sem essa possibilidade, a natureza
Não nos instigaria a tê-los."*
(John Updike)

Segundo Olga Redeime diz, vemos que o povo em geral ouve falar da Bíblia, até mesmo a tem, mas, muitas vezes, apenas como um outro livro. Contudo, vou dizer a você, meu caro leitor, esse livro contém muitas histórias que são ensinamentos para nossa vida; digo de experiência própria.

Além de aprender, leva-nos a um grau espiritual elevado, independentemente de qual seja nossa religião.

Vemos na história bíblica Jesus com doze discípulos. Ele criou a maior empresa do mundo.

Jesus, naturalmente, escolheu seus próprios discípulos, ou seja, os colaboradores, e fez isso de maneira cuidadosa.

É verdade que um dos doze o traiu, mas, quem de nós teria a capacidade de escolher o colaborador certo onze vezes em cada doze? Eu estaria em bem melhores condições hoje, teria obtido um sucesso bem maior se tivesse essa capacidade. A história demonstra que Jesus fez um trabalho extraordinário ao selecionar sua equipe e, se você entender bem seu plano, saberá que até mesmo Judas, o traidor, fazia parte desse plano.

Lembre-se do exemplo que Jesus nos deu. Escolha seus subordinados diretos e permita que eles façam o mesmo. É a melhor maneira de aumentar suas chances para o sucesso.

... quando Saulo de Tarso viajava por aquela estrada indo a Damasco, Jesus literalmente arremessou-o ao solo e o cegou com uma luz do céu. Ele identificou-se e disse a Saulo — que depois veio a ser o grande apóstolo Paulo — que o que ele teria de fazer era um recrutamento agressivo.

Penso seguramente que podemos dizer que o alistamento de Paulo à causa de Jesus é um dos recrutamentos mais brilhantes e bem-sucedidos nos anos de história da organização humana... Ele foi o grande disseminador da mensagem. Foi ele que contou mais vezes a história de Jesus a grande número de pessoas e, por meio de suas cartas, continua fazendo isso até hoje. E você, já identificou a pessoa certa para essa posição? Vá e contrate-a.

Não sei qual é sua posição: se é um empresário, um comerciante, um colaborador ou se faz parte de alguma organização, comece a ensinar. Ensine o que você sabe a outrem. Seja um professor, seja um heroi também. Diríamos a cada executivo empresarial: seja tudo isso ou mais. Jesus era chamado de "rabi", que significa mestre, e ele estava sempre ensinando.

O brilho de Seu ensino revela-se nos evangelhos de Mateus, Marcos, Lucas e João, os quais estão cheios de Suas notáveis revelações. Sua habilidade como professor também se demonstra pelo sucesso de seus alunos, à medida que eles escutam seus programas de trabalho.

Os grandes líderes não se escondem em conjuntos residenciais de luxo, fazendo planos secretos de suas estratégias. Eles descobrem meios de ensinar as grandes idéias. Seja como Jesus, um professor, seja um sucesso.

Procure ler, Suas palavras são todas ensinamentos para nós, seus escolhidos. Suas promessas são para mim e para você.

Como Olga diz, lendo-se a Bíblia, pode-se encontrar o caminho que nos levará à felicidade, nos levará até Ele.

Leia a Bíblia meditando sobre Seus ensinamentos, encontrando seu caminho.

> "Não acho que a idade necessariamente
> traga consigo a sabedoria.
> Entretanto, ela nos dá humildade
> e tolerância, isto é, a
> capacidade de amar
> e compreender os outros."
> (Paul Emile Victor
> em *Notre temps*)

Maneiras de fazer alguém feliz

*"A felicidade não está no
complexo, ela está
no que é mais simples."*

"Dê um beijo.
Dê um abraço.
Um passo em sua direção.
Aproxime-se sem cerimônia.
Dê um pouco de calor, do seu sentimento.
Assente-se bem perto e deixe ficar, algum tempo ou muito tempo.
Não conte o tempo de se dar.
Aprenda a burlar a superfelicidade.
Sonhe o sonho, sem duvidar.
Deixe o sorriso acontecer.
Liberte um imenso sorriso.
Rasgue o preconceito
Olhe nos olhos.
Aponte um defeito, com jeito.
Respeite uma lágrima.
Ouça uma história ou muitas, com atenção.
Escreva uma carta e mande.
Irradie simplicidade, simpatia, energia.
Num toque de três dedos, observe as 'coincidências'.
Não espere ser solicitado, preste um favor.
Lembre-se de um caso.
Converse sério ou fiado.
Conte uma piada.
Ache graça.
Ajude a resolver um problema.
Pergunte: Por quê? Como vai?
Como tem passado?
Que tem feito de bom?
Que há de novo? E preste atenção.
Sugira um passeio, um bom livro, um bom filme,
Ou mesmo um programa de televisão.
Diga, de vez em quando, desculpe, muito obrigado,
Não tem importância, que há de se fazer, dá-se um jeito.
Tente de alguma maneira...
E não se espante se a pessoa mais feliz for você!"

Quando utilizamos nossas energias positivas, conquistamos amigos, colegas, familiares. Quando utilizamos nossas energias negativas, afastamo-los.

Fazer críticas construtivas, no intuito de auxiliar nosso semelhante, é bem diferente do que se fazer crítica destrutiva tentando desestabilizar os outros.

Se a primeira é bem aceita, a segunda, não.

Se você, utilizando suas energias negativas, criticar alguém, desestabilizando-o, você pode se sentir feliz, com ar vitorioso naquele momento, mas, se quiser se sentir feliz, sempre, faça uma crítica construtiva tentando ajudar seu semelhante.

"Ninguém tem a felicidade garantida.
A vida simplesmente dá a cada pessoa tempo e espaço.
Depende de você enchê-los de alegria."
(S. Brown)

O caminho para a felicidade

*"Não existe um caminho
para a felicidade...
A felicidade é que é o caminho."*

Aproveite todos os momentos que você tem: não espere para pegar esse caminho somente:

Quando você conseguir o primeiro emprego.
Quando você terminar a faculdade
Quando você concluir um MBA
Quando você emagrecer dez quilos ou
Quando você engordar dez quilos.
Quando você se casar ou
Quando você se divorciar.
Quando você tiver seus filhos ou
Quando seus filhos saírem de casa.
Quando você conseguir o carro de seus sonhos.
Quando você conseguir aquele apartamento de três quartos.
Quando você não tiver mais dívidas.
Quando você estiver aposentado.
Quando...quando...quando...
Quando você morrer...
Aí já será tarde...

Decida-se, pois, não há hora melhor para ser feliz do que agora mesmo! Neste instante! No aqui e agora.

A felicidade é uma viagem, não um destino.

E, quantos de nós queremos fazer da felicidade um destino!

Ficamos sempre à sua procura e adiando-a para quando houver uma oportunidade melhor (em nossas mentes despreparadas) e, por conseguinte, nunca a encontrando.

A felicidade é um estado de espírito, é algo interior, é a alegria de estar vivo ao acordar, de ver e sentir o sol em nosso rosto, de ouvir o cantar dos pássaros, de ver a chuva cair, de beijar a boca de nosso amor, de ir trabalhar, de rever os amigos, os parentes, de receber um sorriso de uma criança, de saber rir, enfim, de estar vivendo plenamente, com saúde.

Podemos dizer também que uma boa conta bancária, boas aplicações financeiras, carros do ano, um casaco de pele, um sapato ou uma roupa nova, uma jóia de ouro com brilhantes, etc. trazem-nos alegrias. Mas são alegrias de momento, passageiras, enquanto as outras são permanentes, pois, dependem apenas de nosso estado de espírito e, ele, nós é que controlamos.

Quando temos a felicidade como lema, nossa saúde é muito mais saudável, pois, nossos pensamentos positivos afastam a negatividade, a preocupação exagerada que são a causa da maioria de nossas doenças.

Vamos... embarque nessa maravilhosa viagem...

> "Enganam-se aqueles que dizem que a TV nada ensina. Principalmente os programas de TV, tarde da noite, são muito instrutivos. Ensinam que deveríamos ter ido dormir mais cedo, ou melhor ainda: ter ido ler um livro sem perda de tempo."

Livros

*"Quem estuda e não pratica
o que aprendeu é como
o homem que lavra e não semeia."*
(Provérbio Árabe)

Existem livros e livros...

Alguns nos causam prazer em lê-los, outros, trazem-nos emoções umedecendo nossos olhos, outros nos dão lições de vida, mostrando-nos possíveis caminhos que poderemos trilhar, outros nos fazem rir, de alguns outros pouco se aproveita.

O importante é, ao ler um livro, fazermos nossa análise e tirarmos dele as lições e os exemplos que poderão nos ser úteis.

Por pior que seja um livro, dele sempre poderemos extrair algo que possa ser útil para nós. Até mesmo os maus exemplos mostram-nos quais caminhos não devemos seguir.

Coloquei comentários sobre alguns livros que julgo serem úteis a qualquer leitor, tanto um estudante como um já profissional, tanto para a dona de casa como para a executiva, pois a leitura traz saber a todos.

Os livros comentados podem ser adquiridos nas principais livrarias, pois nos darão uma visão maior e melhor do que os autores quiseram dizer do que simples resumos.

Eles Chegaram... A Saga dos Barbulho
Um tributo ao trabalho e à família

Depois de mais de dez anos tendo idéias, estudando a história do Brasil e da Europa, analisando o porquê que os imigrantes deixavam seu país e vinham para um país desconhecido tentar a sorte e ouvindo as histórias que meu avô e meu pai contavam, resolvi escrever esse livro.

O mesmo conta os desafios enfrentados por uma família que, no fim do século XIX, para fugir da fome que castigava a Itália, imigra para o Brasil e vem viver sua odisséia no novo mundo.

É uma narração dos acontecimentos com inserção de diálogos e troca de idéias dos personagens retratando passagens dessa história que demonstra o sacrifício que os imigrantes tiveram de fazer para sobreviverem num mundo desconhecido para eles, a força e a vontade de vencer, a determinação na busca de seus ideais, não procrastinando nunca seus deveres. É a mesma luta que nossos irmãos brasileiros estão fazendo hoje em terras longínquas da mãe-pátria para vencerem.

O livro narra desde as dificuldades dos imigrantes em suas pátrias de origem, da expansão cafeeira no Brasil, da dura decisão da partida, dos problemas na chegada, da ida para Santa Rita do Passa Quatro, da vida e aventuras nos primeiros tempos, da mudança para São Paulo, em razão de sua atração por sua grandiosidade (com breve relato com fotos da época 1906). Os difíceis primeiros anos na cidade grande, a prosperidade no comércio, os principais acontecimentos dos anos 30, 40 e 50, o caso de um velho guerreiro, a força dada à Igreja São Rafael, alguns destaques de uma grande cidade, e da Mooca num tempo que não volta mais.

Delicie-se com as aventuras do jovem que acabou com o baile e teve de enfrentar os rapazes da região ou da fuga de uma fazenda em Minas, na qual se trabalhava em regime de semi-escravidão ou ainda com piadas que se contavam na época sobre membros da família.

É uma obra que nos relembra o passado, suas dificuldades (como as de hoje), a luta de uma família para crescer nesse contexto, seu romantismo e a saudade que nos deixa. É um documento que preserva um pouco de nossa história, de um bairro ainda gostoso e bom de se morar.

É um livro que pode servir de modelo para que você também escreva a história de sua família, de seu bairro, de sua cidade, não deixando cair no esquecimento tantos acontecimentos que podem ter marcado alguém de sua família ou até mesmo você.

O tempo passa e as histórias que não foram registradas se perdem e, saiba de uma coisa, você pode estar se dizendo: — mas não tem nada de importante para não ser esquecido. Aí é que você se engana. Para você, algumas coisas podem parecer ser sem importância, mas, para os outros, poderão ser muito importantes.

Comece ainda hoje...

Mojud – O Homem com a Vida Inexplicável

Eis um breve resumo do livro *Mojud* — O Homem com a Vida Inexplicável (Madras) — que poderá reforçar alguns pontos que defendemos. É uma leitura que vale a pena fazer.

É uma bela história sufi (sufi = adepto do sufismo — misticismo arábico-persa que sustenta ser o espírito humano uma emanação do divino, no qual se esforça para reintegrar-se (Aurélio) em que Osho, seu autor, que é um famoso guru indiano (Rajaneesh), mostra-nos a importância de acreditar, de crer efetivamente.

Mojud é o personagem símbolo pelo do qual o autor nos mostra que a maioria das pessoas diz crer, mas, na hora de se desapegar, de crer realmente, deixa a dúvida tomar conta e apenas diz, da boca para fora, acreditar, mas, no íntimo não acredita, não se joga de coração no que sua intuição, seu íntimo, deseja.

Um dos exemplos dados e que reproduzimos abaixo demonstra bem o que a maioria de nós fala e o que realmente sente.

"Um dia, um ateu estava caminhando por um penhasco quando escorregou e caiu no precipício. Durante a queda, conseguiu agarrar um galho de uma pequena árvore que crescia na fenda de uma rocha. Pendurado lá, balançando ao vento frio, percebeu que não havia esperança para sua situação; abaixo havia ásperos rochedos e não havia como subir. Tornava-se cada vez mais difícil segurar o galho.

"Bem", pensou, "só Deus pode me salvar agora. Nunca acreditei em Deus, mas poderia estar enganado. O que tenho a perder?" Assim, gritou: "Deus! Se você existe, salve-me e acreditarei em você!" Não houve resposta.

Chamou outra vez: "Por favor, Deus, nunca acreditei em você, mas, se me salvar, acreditarei em você de agora em diante".

Subitamente, uma estrondosa voz ressoou nas nuvens: "Você não acreditará! Conheço o seu tipo!"

O homem ficou tão surpreso que quase soltou o galho.

"Por favor, Deus! Você está errado! É verdade o que estou dizendo! Eu acreditarei!"

"Não, você não acreditará! Isso é o que todos dizem!"

O homem implorou e argumentou.

Finalmente, Deus disse: "Tudo bem, eu o salvarei... Solte-se do galho".

"Soltar-me do galho?", o homem exclamou. "Pensa que sou louco?"

A dúvida vem do medo; se tenho dúvida, tenho medo. Então, como posso ser valente? A dúvida está enraizada no medo. Ela cresce porque existe um desejo ardente de defender a si mesmo, de proteger a si mesmo, de estar seguro. Você pode confiar somente se estiver pronto para penetrar a insegurança, o inexplorado, para navegar no desconhecido sem mapa algum.

Confiança significa imensa coragem e, somente uma pessoa corajosa pode realmente crer.

Então, o que é crer? Crer é um subproduto do amor. Somente os que sabem amar sabem crer. O amor vem do coração e a crença também. Quando se acredita realmente, do fundo do coração, o impossível se torna possível. A coragem faz-nos realizar.

O autor também aproveita para fazer uma crítica às religiões do mundo, demonstrando que foram feitas e manipuladas pelo ser humano para atrair os fiéis e que nem sempre representam a realidade vivida por seus personagens.

Podemos reforçar as palavras do autor dizendo que se, por um lado, as religiões servem para segurar o ímpeto dos povos, mantendo-os em seus lugares dentro de certa ética e moral, por outro lado, quando prevalece o fanatismo, a lavagem cerebral efetuada por alguns fanáticos em seus seguidores e ou por alguns aproveitadores e exploradores da crendice popular, as religiões em vez de serem portadoras da paz, trazem a desunião, o medo, o fanatismo e até a morte em nome de Deus.

É um ótimo livro para nossa reflexão e análise e uma porta para enxergarmos uma outra realidade, dando mais importância à nossa intuição ou nosso Ser divino interior.

O Livro dos Cinco Anéis

O Livro dos Cinco Anéis foi escrito em 1645 como guia de estratégia de guerra e de ataque e defesa. Ler esse livro hoje, em que poderá nos auxiliar nesta atribulada vida globalizada deste início do século?, poderá estar perguntando nosso leitor. Vejamos:

Como as empresas e os cidadãos vivem uma verdadeira guerra contra a concorrência num mercado globalizado, muitas lições poderão ser tiradas do livro, além da oportunidade de ler uma aventura japonesa do século XVII, conhecendo seus costumes e tradições para enriquecer nossos conhecimentos.

Por exemplo: Musashi (autor e protagonista do livro) venceu uma luta contra um oponente bem equipado com espada de aço de boa qualidade enquanto ele lutava com uma espada de madeira. Dessa vitória pode-se concluir:

A — Nem sempre a empresa melhor aparelhada para as exigências do mercado conseguirá colocar eficazmente seus produtos. Quantas empresas de pequeno porte estão ganhando mercado das grandes? Muitas, é só analisar o mercado. Veja, por exemplo, o caso dos refrigerantes, no qual as populares Tubaína estão tirando o mercado da Coca-Cola e de outras grandes empresas.

B — Uma boa ofensiva (como fez Musashi) deve ser continuada para evitar que o concorrente possa contra-atacar.

C — Não deixe o concorrente impor regras só porque parece ser mais forte ou estar melhor aparelhado. Se ele atacar nos preços, ataque-o nos preços. Se ele atacar na divulgação, idem. Se for no ponto de venda, idem. Ataque-o sempre.

D — Quando não puder vencê-lo no primeiro ataque, afaste-se, dê a impressão de ter capitulado e ataque-o de surpresa. Se não puder acabar com ele, depois de causar-lhe danos, fuja para recompor-se. Essa atitude vai fazer seu concorrente ficar preocupado, sentir-se encurralado, amedrontar-se, tomar medidas incorretas e desnecessárias enfraquecendo-se na logística, pelo consumo incorreto de recursos, por atacar frentes falsas, deixando-nos prontos para desferir nosso ataque.

Notaremos que uma boa estratégia, seguida da manutenção do firme propósito de alcançar nossos resultados, todavia, não extingue os riscos de confrontos com um adversário bem preparado. É preciso agir firme e eficazmente para o sucesso de nosso empreendimento enquanto nosso adversário se detém com filigranas.

A leitura do livro vai nos fornecendo táticas e formas de agir que, sabendo transpô-las para nossa realidade, dar-nos-ão vantagens que não havíamos pensado até então.

Pode parecer difícil no começo, mas, sabemos que no começo tudo realmente é difícil; por isso, não desista.

Outro exemplo que ele nos dá é que não se deve ter uma arma favorita para vencer o inimigo. É preciso valer-se, sempre, de todas as armas disponíveis e saber manejá-las adequadamente (preço, divulgação, distribuição, embalagem, *design*, qualidade, etc.).

Analise a sabedoria dos nove pontos a seguir e verá o seu alcance ao transpô-los para os dias de hoje:

"Não pense desonestamente
O caminho está no treinamento
Familiarize-se com todas as artes
Conheça o caminho de todas as profissões
Distinga entre ganhos e perdas nas questões mundanas
Desenvolva julgamento intuitivo e compreensão de todas as coisas
Note aquelas coisas que não podem ser vistas
Preste atenção a tudo, mesmo aparentes baboseiras
Não faça nada que não tenha utilidade".

Estude-os bem, como as demais lições deste livro, como todas as outras de outros livros que ler, pois, se interpretar erradamente as lições que poderá utilizar, não acertará a estratégia e, cometendo erros, não encontrará o verdadeiro caminho.

Devemos, ao ler esse ou qualquer outro livro, absorver os pontos escritos, analisando-os com a razão e com o coração para fazê-los participar de nossas reflexões quando formos agir.

O importante é analisar os detalhes de cada ponto à luz dos acontecimentos e treinar cada um deles. Pense nos detalhes e no todo, no todo e nos detalhes, nas pequenas e nas grandes coisas, não se detendo apenas em um ou outro ponto.

Hoje em dia, para se vencer uma batalha, um concorrente, na vida, não basta apenas conhecer o presente. É preciso tirar lições do passado (à luz do presente) e vislumbrar como atuar no futuro.

Leia esse livro do passado para tirar lições para o presente e vislumbrar como atuar no futuro.

"Há momentos em que as tribulações acontecem
em nossas vidas, e não podemos evitá-las. Mas, estão
ali por algum motivo.
Só quando as ultrapassamos
entendemos porque estavam ali."
(Paulo Coelho
em *O monte cinco*)

Projeto de vida

*"Quase sempre a maior
ou menor felicidade depende
do grau da decisão de ser feliz."*
(Abraham Lincoln)

"Era uma vez um riacho de águas cristalinas, muito bonito, que serpenteava entre as montanhas. Em certo ponto de seu percurso, notou que, à sua frente, havia um pântano imundo, por onde deveria passar. Olhou, então, para Deus e protestou:

— Senhor, que castigo! Eu sou um riacho tão límpido, tão formoso, e você me obriga a atravessar um pântano sujo como esse! Como faço agora?

Deus respondeu:

— Isso depende da sua maneira de encarar o pântano.

Se ficar com medo, você vai diminuir o ritmo de seu curso, dará voltas e, inevitavelmente, acabará misturando suas águas com as do pântano, o que o tornará igual a ele.

Mas, se você o enfrentar com velocidade, com força, com decisão, suas águas se espalharão sobre ele, a umidade transformá-las-á em gotas que formarão nuvens e o vento levará essas nuvens em direção ao oceano. Aí você se transformará em mar."

Assim é a vida. As pessoas têm dificuldades de empreender mudanças, tanto internas como externas, é o que nos diz essa fábula escrita por Roberto Shinyashiki.

Quando ficam assustadas, paralisadas, tornam-se tensas e perdem a criatividade, a iniciativa e a força.

É preciso que entremos para valer nos projetos que planejarmos para nossa vida e lutemos até que o rio se transforme em mar...

Se uma pessoa passar a vida toda evitando sofrimento, também acabará evitando o prazer que a vida oferece.

Há milhares de tesouros guardados em lugares onde precisamos chegar para descobri-los. Há tesouros guardados na leitura de um livro, numa praia deserta, numa noite estrelada, numa viagem inesperada, numa vida a dois, na convivência com nossos filhos, num filme histórico, em nossa casa, ali na esquina ou num salto de asa-delta... O importante é irmos ao encontro deles, ainda que isso exija uma boa dose de coragem, determinação e desprendimento.

Não procure os caminhos mais difíceis que podem lhe trazer dificuldades ou dor. Mas, se só com dificuldade e dor é que conquistaremos nossos objetivos e metas, devemos enfrentá-las, superá-las.

Programe-se, arrisque-se, que só assim a vida tem sabor, tem valor. A vida é uma aventura gratificante para quem tem coragem de se arriscar. Vamos... transforme-se em mar...

> "O que há na amizade
> que faz com que estarmos entre
> amigos seja muito melhor
> do que nos encontrarmos entre
> os mais brilhantes
> desconhecidos?"
> (Sandy Sheehy)

Saudades

*"A gente foge da solidão
quando tem medo dos
próprios pensamentos."*
(Érico Veríssimo)

Trancar o dedo numa porta dói.
Bater com o queixo no chão dói.
Torcer o tornozelo dói.
Um tapa, um soco, um pontapé, dóem.
Dói bater a cabeça na quina da mesa, dói morder a língua, dói cólica, cárie e pedra no rim.
Mas o que mais dói é a saudade.
Saudade de um irmão que mora longe.
Saudade de uma cachoeira da infância.
Saudade do gosto de uma fruta que não se encontra mais.
Saudade do pai que morreu, do amigo imaginário que nunca existiu.
Saudade de uma cidade, saudade da nossa cidade...
Saudade da gente mesmo, que o tempo não perdoa.
Dóem essas saudades todas.
Mas a saudade mais dolorida é a saudade de quem se ama.
Saudade da pele, do cheiro, dos beijos.
Saudade da presença, e até da ausência consentida.
Você podia ficar na sala e ela no quarto, sem se verem, mas sabiam-se lá.
Você podia ir para o dentista e ela para a faculdade, mas sabiam-se onde.
Você podia ficar o dia sem vê-la, ela o dia sem vê-lo, mas sabiam-se amanhã.
Contudo, quando o amor de um acaba, ou torna-se menor, ao outro sobra uma saudade que ninguém sabe como deter.
Saudade é basicamente não saber.
Não saber mais se ela continua fungando num ambiente mais frio.
Não saber se ele continua sem fazer a barba por causa daquela alergia.
Não saber se ela ainda usa aquela saia.
Não saber se ele foi na consulta com o dermatologista como prometeu.
Não saber se ela tem comido bem por causa daquela mania de estar sempre ocupada.
Se ele tem assistido às aulas de inglês, se aprendeu a entrar na Internet e encontrar a página do Diário Oficial.

Se ela aprendeu a estacionar entre dois carros.
Se ele continua preferindo Malzbier.
Se ela continua preferindo suco.
Se ele continua sorrindo com aqueles olhinhos apertados.
Se ela continua dançando daquele jeitinho enlouquecedor.
Se ele continua cantando tão bem.
Se ela continua detestando o McDonald's.
Se ele continua amando.
Se ela continua a chorar até nas comédias.
Saudade é não saber mesmo!
Não saber o que fazer com os dias que ficaram mais compridos, não saber como encontrar tarefas que lhe cessem o pensamento, não saber como frear as lágrimas diante de uma música.
Não saber como vencer a dor de um silêncio que nada preenche.
Saudade é não querer saber se ela está com outro e, ao mesmo tempo, querer.
Não saber se ele está feliz e, ao mesmo tempo, perguntar a todos os amigos por isso... não querer saber se ele está mais magro, se ela está mais bela.
Saudade é nunca mais saber de quem se ama e, ainda assim, doer.
Saudade é isso que senti enquanto estive escrevendo e o que você, provavelmente, está sentindo agora depois que acabou de ler...
"Em alguma outra vida, devemos ter feito algo de muito grave, para sentirmos tanta saudade..."
Depois de lermos esse poema sobre saudades, será que muitos de nós já perceberam o valor que têm nossos pais, nossos filhos, nossa(o) esposa(o), nosso emprego e os colegas que temos, os amigos que nos cercam, nossa cidade, nosso país?
Enquanto vivemos cercados por eles, não lhes damos o valor que merecem; só quando os perdemos é que bate a saudade, é que vamos sentir seu valor.
Depois que um pai ou uma mãe se vai, ficamos pensando que poderíamos ter feito mais por ele; depois que perdemos o amor de nossa vida, em razão de uma aventura boba, é que vamos chorar, devíamos ter pensado antes; depois que nosso filho se perde no tóxico, na bebida, é que vamos perceber que deveríamos ter-lhe dado mais atenção e menos dinheiro; e assim poderíamos ir desfiando uma porção de situações que poderiam ter sido evitadas se tivéssemos pensado antes. Só que depois poderá ser tarde, poderá ser impossível retornar à situação anterior e, outras vezes, até é possível, mas, vai demandar muito trabalho, muito sacrifício, nosso e da pessoa envolvida, que poderíamos ter, simplesmente, evitado.
Agora é só saudades... e lembrar que era feliz e não sabia.
Antes de tomar uma atitude, uma decisão, lembre-se deste poema...
E tome sua decisão consciente, mantendo sempre uma atitude correta.

"... quanto mais a pessoa não acredita
e não teme as influências exteriores,
mais ela estará em condições de
manter sua tranqüilidade interior.
Quanto mais alguém é confiante em Deus
e positivo com relação à vida,
mais estará fortalecido diante das mais variadas
situações em que ela venha a se encontrar."
(Padre Quevedo)

Sabe quem faleceu ontem?

*"Você é o dono de seu destino.
Seus sonhos só se concretizarão
se você tiver visão, determinação e
força de vontade."*

Quando os funcionários chegaram para trabalhar, encontraram na portaria um cartaz enorme, no qual estava escrito:
"Faleceu ontem a pessoa que impedia seu crescimento na Empresa. Você está convidado para o velório na quadra de esportes".

No início, todos se entristeceram com a morte de alguém, mas ficaram curiosos para saber quem estava bloqueando seu crescimento na empresa.

A agitação na quadra de esportes era tão grande que foi preciso chamar os seguranças para organizar a fila do velório.

Conforme as pessoas iam se aproximando do caixão, a excitação aumentava: quem será que estava atrapalhando o meu progresso?

Ainda bem que esse infeliz morreu! A maioria pensava com seus botões.

Um a um, os funcionários, agitados, aproximavam-se do caixão, olhavam o defunto e engoliam em seco.

Ficavam no mais absoluto silêncio, como se tivessem sido atingidos no fundo da alma. Certamente você já adivinhou que no visor do caixão havia um espelho...

Só existe uma pessoa capaz de limitar seu crescimento: você mesmo! Você é a única pessoa que pode fazer a revolução de sua vida, você é a única pessoa que pode prejudicar a sua vida e você é a única pessoa que pode ajudar a si mesmo.

Já vimos que não adianta culpar nossos pais, nossos professores, nosso patrão, nossa(o) esposa(o) pelo nosso insucesso. O culpado somos nós que ainda não aprendemos a utilizar as armas de nossa mente, da fabulosa capacidade criativa que temos e de resolver possíveis problemas que possam aparecer dentro do nosso coração e encontrar mos a energia, a determinação para sermos os senhores de nosso destino.

Temos que ter consciência de que:
Nossa vida não mudará quando nosso chefe mudar.
Nossa vida não mudará quando nossa empresa mudar.
Nossa vida não mudará quando nossos pais mudarem.
Nossa vida não mudará quando a globalização mudar.

Nossa vida mudará somente quando mudarmos nossas atitudes, nossos pensamentos negativos, nossas descrenças.

Quando passarmos a acreditar em nosso potencial e com determinação enfrentarmos os problemas e os obstáculos que possam surgir e projetarmos nossos objetivos e sonhos e os perseguirmos até conquistá-los.

Afinal... somos os únicos responsáveis por nossas vidas... os senhores de nosso destino.

> "O questionamento é o que nos separa
> das outras formas de vida.
> Nenhuma outra espécie questiona o
> significado da existência ou a complexidade
> do universo ou a si própria."
> (Herbert W. Soyer)

Uma razão... uma estação... a vida toda

"Amar com o propósito de ser amado é humano,
mas, amar com o propósito de amar
é digno dos anjos."
(Lamartine)

"Pessoas entram na sua vida por uma 'Razão', uma 'Estação' ou uma 'Vida Inteira'."

Quando você percebe qual delas é, vai saber o que fazer por elas individualmente.

Quando alguém está em sua vida por uma "Razão"... é geralmente, para suprir uma necessidade que você demostrou.

Eles vêm para auxiliá-lo numa dificuldade, fornecer orientação e apoio, ajudá-lo física, emocional ou espiritualmente.

Eles poderão parecer como uma dádiva de Deus, e eles são!

Eles estão lá pela razão que você precisa que eles estejam lá.

Então, sem nenhuma atitude errada de sua parte, ou em uma hora inconveniente, esta pessoa vai dizer ou fazer alguma coisa para levar essa relação a um fim.

Às vezes, essas pessoas morrem.

Às vezes, eles simplesmente se vão.

Às vezes, eles agem e lhe forçam a tomar uma posição.

O que devemos entender é que nossas necessidades foram atendidas, nossos desejos preenchidos e o trabalho deles feito.

As suas orações foram atendidas.

E agora é tempo de ir.

Quando pessoas entram em nossas vidas por uma "Estação", é porque chegou sua vez de dividir, crescer e aprender.

Eles trazem para você a experiência da paz ou fazem você rir.

Eles poderão ensiná-lo algo que você nunca fez.

Eles, geralmente, te dão uma quantidade enorme de prazer.

Acredite! É real!

Mas, somente por uma "Estação".

Relacionamentos de uma "Vida Inteira" lhe ensinam lições para a vida inteira: coisas que você deve construir para ter uma formação emocional sólida.

Sua tarefa é aceitar a lição, amar a pessoa e colocar o que você aprendeu em uso em todos os outros relacionamentos e áreas de sua vida.

É dito que o amor é cego, mas, a amizade é clarividente.

Agradeça: Obrigado por ser parte da minha vida.

Pare aqui e simplesmente sorria e,

"Trabalhe como se você não precisasse do dinheiro,

Ame como se você nunca tivesse sido magoado,

e dance como se ninguém estivesse lhe observando".

"O maior risco da vida é não fazer nada."

Podemos concluir que nada acontece por acaso. Até aquela pessoa que conhecemos numa excursão, numa fila, num bate-papo tem uma razão de estar ali. Se prestarmos atenção, vamos verificar que ela pode ter sido útil em algum momento de nossa vida, o mesmo pode ter acontecido a ela, nós lhe fomos úteis, por uma palavra, um gesto, uma compreensão.

É importante estarmos atentos, pois, muita coisa que poderia nos ser útil passa-nos despercebida. E as oportunidades se vão...

Quer seja por uma "Razão", uma "Estação" ou para uma "Vida Toda", fiquemos sempre atentos e aproveitemos as oportunidades que esses relacionamentos nos trazem.

"Não apresses a chuva, ela tem seu tempo
de cair e saciar a sede da terra;
Não apresses o pôr-do-sol,
ele tem seu tempo de anunciar o anoitecer
até seu último raio de luz;
Não apresses tua alegria, ela tem seu tempo

para aprender com a tua tristeza;
Não apresses teu silêncio, ele tem seu
tempo de paz após o barulho cessar.
Não apresses teu amor, ele tem seu tempo de
semear, mesmo nos solos mais áridos do teu coração;
Não apresses tua raiva, ela tem seu tempo para diluir-se
nas águas mansas da tua consciência;
Não apresses o outro, pois ele tem seu tempo para
florescer aos olhos do criador;
Não apresses a ti mesmo, pois precisas
de tempo para sentir tua própria evolução."

Escola de animais

*"Prefira afrontar o mundo servindo à sua consciência
a afrontar sua consciência para servir ao mundo."*
(Humberto de Campos)

Analise esta fábula extraída do site www.aikikai.org.br e veja se concorda com sua visão ao seu término.

"Era uma vez um grupo de animais que quis fazer alguma coisa para resolver os problemas do mundo. Para isto, eles organizaram uma escola.

A escola dos bichos estabeleceu um currículo de matérias que incluía correr, subir em árvores, em montanhas, nadar e voar.

Para facilitar as coisas, ficou decidido que todos os animais fariam todas as matérias.

O pato deu-se muito bem em natação; até melhor que o professor! Mas, quase não passou de ano na aula de vôo, e estava indo muito mal na de corrida. Por causa de suas deficiências, ele precisou deixar um pouco de lado a natação e ter aulas extras de corrida.

Isto fez com que seus pés de pato ficassem muito doloridos, e o pato já não era mais tão bom nadador como antes.

Mas, estava passando de ano, e este aspecto de sua formação não estava preocupando a ninguém — exceto, claro, ao pato.

O coelho era, de longe, o melhor corredor, no princípio, mas começou a ter tremores nas pernas de tanto tentar aprender natação.

O esquilo era excelente em subida de árvore, mas, enfrentava problemas constantes na aula de vôo, porque o professor insistia que ele precisava decolar do solo, e não de cima de um galho alto.

Com tanto esforço, ele tinha cãibras constantes, e foi apenas regular em alpinismo e fraco em corrida.

A águia insistia em causar problemas, por mais que a punissem por desrespeito à autoridade. Nas provas de subida de árvore era invencível, mas, insistia sempre em chegar lá da sua maneira... Na natação deixou muito a desejar...

Moral da história: cada criatura tem suas capacidades e habilidades próprias, coisas que faz naturalmente bem.

Mas, quando alguém o força a ocupar uma posição que não lhe serve, o sentimento de frustração, de desencorajamento e até culpa provoca mediocridade e derrota total.

Um pato é um pato; nada mais do que um pato.

Foi feito para nadar, não para correr e, certamente, não para subir em árvores. Um esquilo é um esquilo; nada mais do que um esquilo. Se insistirmos em afastá-lo do que ele faz bem, ou seja, subir em árvores, para que ele seja um bom nadador ou um bom corredor, o esquilo vai se sentir um burro.

A águia faz uma bela figura no céu, mas é ridícula numa corrida a pé. No chão, o coelho ganha sempre.

A não ser, é claro, que a águia esteja com fome!

O que dizemos das criaturas da floresta vale para qualquer pessoa, bem como a sua família, em particular. Deus não nos fez iguais. Ele nunca quis que fôssemos iguais.

Foi Ele quem planejou e projetou as nossas diferenças, nossas capacidades especiais! Portanto, descubra em você estas qualidades e desfrute de sua paz interior... Descubra seus dons naturais..."

É por isso que precisamos sempre reforçar o nosso lado forte, pois, é nele que estão nossos dons. Todavia, em nossa vida não podemos esquecer de nosso lado que necessita de aperfeiçoamento, ou o mais fraco, pois ele pode fazer a diferença. Precisamos sempre reforçá-lo, a única coisa que precisamos ter em mente é que poderemos não ser brilhantes se nossos principais dons estão no lado forte.

Com essa análise, podemos concluir que, mesmo sendo fortes num determinado ponto, não podemos deixá-lo, temos de aperfeiçoá-lo ainda mais e sempre e em nossa parte fraca precisamos aperfeiçoá-la, mas, tendo em mente que não seremos os melhores, mas, temos de aperfeiçoá-la sempre mais. Uma das formas de sermos os melhores é passar a gostar mais dessa parte mais fraca até torná-la forte.

Não esqueça que possuímos muitos dons que desconhecemos e que poderão ser desenvolvidos.

"Há duas maneiras de se estudar as borboletas: persegui-las com redes e inspecionar os organismos mortos ou sentarmo-nos em silêncio e observá-las dançando entre as flores."
(Nongnuch Basshan)

Supermercado do Céu

*"A espiritualidade só se
alcança praticando-a."*

Há muito tempo, eu andava pela estrada da vida. Um dia, vi um letreiro que anunciava: "Supermercado do Céu!" Aproximei-me. Chegando perto, uma porta se abriu. Sem me dar conta, lá estava eu, dentro, de pé. Vi um exército de anjos... anjos por toda a parte. Um me deu uma cesta e disse: — Meu filho, faça bem as suas compras! E o que não puderes carregar, podes buscar outro dia. Tudo o que o cristão necessita estava ali. Eu não perdi tempo e comecei a circular pelo supermercado. Primeiro comprei Paciência. Caridade estava na mesma seção. Mais à frente, havia Compreensão. Peguei um pacote, mas resolvi pegar mais porque a gente sempre precisa dela. Comprei, ainda, uma caixa de Sabedoria e três de Fé. Detive-me a contemplá-lo, era o Espírito Santo. Ele enchia tudo. A Salvação era gratuita e acabei pegando bastante para mim e para vocês. Com minha cesta, dirigi-me ao caixa para pagar a conta. Já tinha o necessário para fazer a vontade de Deus. Enquanto passava pelos corredores, vi Oração e também coloquei-a na cesta, pois sabia que, lá fora, iria encontrar o pecado. No caminho para o caixa, havia balaios com Cantos e Louvores. Peguei vários de ambos. Chegando minha vez no caixa, um anjo passou todas as mercadorias. Feitas as somas, perguntei: — Quanto devo? O anjo olhou para mim e sorriu. Disse-me para levar tudo aquilo por onde eu andasse e acrescentou: — Meu filho, Jesus pagou a sua conta há muito tempo no Monte Calvário! Faça bom uso das compras. Vá em paz e volte sempre.

E você, está precisando ir às compras nesse supermercado? Corra que ainda é tempo de encontrar os produtos que você procura para encontrar a paz e a felicidade.

Todo ser iluminado já fez suas compras, uns bem mais cedo e outros ainda estão precisando ir abastecer-se. Alguns desconhecem esses produtos e, por causa disso, não estão encontrando a paz e a felicidade.

*"Profissionais planejam suas carreiras para
poder crescer, empresas definem estratégias
para atingir suas metas de expansão.
Rotarys ou Lions Clubs estabelecem objetivos
para uma boa gestão. Cidades e países projetam
seu futuro para melhor atender ao povo.
E todos crescem... atingindo seus objetivos.
E você? Tem projetado seu programa de
desenvolvimento interior? Seu programa
para alcançar seus objetivos?"*

Alcançando objetivos

"O ser humano só chega na altura de seus pensamentos."
(Bíblia)

Existem algumas técnicas que os profissionais, as empresas, os Rotarys, Lions Clubs ou Lojas Maçônicas, as cidades e os países utilizam para poder alcançar suas metas, seus objetivos e poder crescer: o planejamento. E, se verificarmos as pessoas e entidades que realmente planejam bem o seu futuro, são as que obtêm maior sucesso.

Foi realizada uma pesquisa nos EUA com alunos que freqüentavam o correspondente ao nosso colegial e, após quinze anos, tornou a contatá-los e verificou-se que os que tinham um desejo forte de realizar seus sonhos, seus desejos, tinham-no conseguido muito mais facilmente do que os que não sabiam o que desejavam para o futuro.

E podemos afirmar que sempre é possível realizarmos nossos sonhos. É claro que é necessário dar tempo para que isso aconteça e precisa estar dentro de nossas possibilidades. Por exemplo: um cidadão que sempre teve o desejo de jogar bola, hoje com 40 anos, não será mais um bom jogador, pois suas condições físicas já não lhe permitem. Se, quando com 12 ou 15 anos, tivesse esse forte desejo e o tivesse posto em prática, poderia ser, quando crescesse, um bom jogador. Se seu sonho era ser médico, mas não saiu do curso de enfermagem, por exemplo, ainda é tempo de se preparar. Há pessoas que se formam com mais de 60 anos. É apenas uma questão de analisar para saber se todo sacrifício vale a pena.

Muitos colocam como seus objetivos apenas valores materiais: quero um carro zero, quero uma casa de três quartos, quero uma casa na praia, uma empresa ou um emprego que me dê o sustento, etc., esquecendo-se de pontos principais, como: ter saúde, paz, um grande amor (não confundir com paixão, que é passageira), uma família linda, amigos fiéis, etc. É preciso mesclar tanto o lado material como o espiritual.

Alguém poderá estar perguntando: — e daí, já tenho meus objetivos e nada acontece. Como fazê-los acontecer?

Primeiro: é preciso que esses objetivos sejam escritos para não ficarmos mudando-os a toda hora, confundindo nossos desejos. É claro que poderão ser mudados, mas não a todo momento.

Segundo: é preciso que você os leia todos os dias quando dormir. Depois de um certo tempo podem ser lidos uma vez por semana, depois uma vez por mês. O importante é não esquecê-los.

Terceiro: para se conseguir alcançar os objetivos é preciso força de vontade, coragem, determinação. É preciso que nossa vontade queira mesmo, é preciso ir à luta.

Quarto: é preciso acreditar que conseguiremos. Não é nossa vontade — eu quero —, mas, nossa determinação, nossa fé, nossa imaginação — eu posso — que realiza.

Quinto: acreditando que se pode e, querendo, no fundo do íntimo, tendo determinação e força de vontade, não desistindo nos primeiros obstáculos e dando o tempo certo, chegaremos lá.

Quanto antes planejarmos nosso futuro, mais cedo iremos alcançando nossos objetivos, que sempre deveremos ter, não importa que tenhamos, 15, 40, ou 100 anos. Quando não tivermos mais objetivos, não teremos mais razão de viver.

Não se limite, acredite em você, alimente ótimos objetivos. Coloque sua imaginação para funcionar, veja-se realizando seus objetivos com alegria em sua tela mental (tela mental = imaginar em sua mente os sonhos que deseja, já se realizando).

A Bíblia já afirmava: "O ser humano só chega na altura de seus pensamentos".

Pense alto.

"O sofrimento faz, muitas vezes,
desabrochar faculdades de ação que,
sem ele, teriam permanecido adormecidas
e passivas, assim como a tempestade faz surgir
o arco-íris e a calamidade ou a guerra fazem
surgir os heróis."
(Clóvis Tavares, do livro *Porque é importante sonhar*)

Para que julgar?

"Havia, numa aldeia, um velho muito pobre, mas, até reis o invejavam, pois ele tinha um lindo cavalo branco... Reis ofereciam quantias fabulosas pelo cavalo, mas o homem dizia:

— Este cavalo não é um cavalo para mim, é uma pessoa. E, como se pode vender uma pessoa, um amigo?

O homem era pobre, mas jamais vendeu o cavalo. Numa manhã, descobriu que o cavalo não estava na cocheira. A aldeia inteira reuniu-se, e disseram:

— Seu velho estúpido! Sabíamos que um dia o cavalo seria roubado. Teria sido melhor vendê-lo. Que desgraça!

O velho disse:

— Não cheguem a tanto. Simplesmente digam que o cavalo não está na cocheira. Este é o fato, o resto é julgamento. Se se trata de uma desgraça ou de uma bênção, não sei, porque este é apenas um julgamento. Quem pode saber o que vai se seguir?

As pessoas riram do velho. Elas sempre souberam que ele era um pouco louco. Mas, quinze dias depois, de repente, numa noite, o cavalo voltou. Ele não havia sido roubado, ele havia fugido para a floresta. E não apenas isso, ele trouxera uma dúzia de cavalos selvagens consigo. Novamente, as pessoas se reuniram e disseram:

— Velho, você estava certo. Não se trata de uma desgraça, na verdade, provou ser uma bênção.

O velho disse:

— Vocês estão se adiantando mais uma vez. Apenas digam que o cavalo está de volta... quem sabe se é uma bênção ou não? Este é apenas um fragmento. Você lê uma única palavra de uma sentença — como pode julgar todo o livro?

Desta vez, as pessoas não podiam dizer muito, mas, interiormente, sabiam que ele estava errado. Doze lindos cavalos tinham vindo... O velho tinha um único filho, que começou a treinar os cavalos selvagens. Apenas uma semana mais tarde, ele caiu de um cavalo e fraturou as pernas. As pessoas reuniram-se e, mais uma vez, julgaram.

Elas disseram:

— Você tinha razão novamente. Foi uma desgraça. Seu único filho perdeu o uso das pernas e, na sua velhice, ele era seu único amparo. Agora você está mais pobre do que nunca.

O velho disse:

— Vocês estão obcecados por julgamento. Não se adiantem tanto. Digam apenas que meu filho fraturou as pernas. Ninguém sabe se isso é uma desgraça ou uma bênção.

A vida vem em fragmentos, mais que isso nunca é dado. Aconteceu que, depois de algumas semanas, o país entrou em guerra, e todos os jovens da aldeia foram forçados a alistar-se. Somente o filho do velho foi deixado para trás, pois recuperava-se das fraturas.

A cidade inteira estava chorando, lamentando-se porque aquela era uma luta perdida e sabiam que a maior parte dos jovens jamais voltaria. As pessoas vieram até o velho e disseram:

— Você tinha razão, velho — aquilo se revelou uma bênção. Seu filho pode estar aleijado, mas ainda está com você. Nossos filhos foram-se para sempre.

O velho disse:

— Vocês continuam julgando. Ninguém sabe! Digam apenas que seus filhos foram forçados a entrar para o exército e que meu filho não foi. Mas somente Deus sabe se isso é uma bênção ou uma desgraça.

Não julgue, porque dessa maneira jamais se tornará uno com a totalidade. Você ficara obcecado com fragmentos, palavras, para as conclusões a partir de coisas pequenas. Quando você julga, você deixa de crescer. Julgamento significa um estado mental estagnado. E a mente deseja julgar, porque estar em um processo é sempre arriscado e desconfortável. Na verdade, a jornada nunca chega ao fim. Um caminho termina e outro começa: uma porta se fecha, outra se abre. Você atinge um pico, sempre existirá um pico mais alto. Aqueles que não julgam estão satisfeitos simplesmente em viver o momento presente e em nele crescer... somente eles são capazes de caminhar com Deus."

Esta fábula de Osho dá-nos uma boa dimensão dos erros que podemos cometer julgando e, na maioria das vezes, julgando precipitadamente, acontecimentos, pessoas, amigos, familiares, chefes, apenas pela primeira impressão que temos.

Se precisamos dar um parecer ou fazer um pré-julgamento de algum acontecimento, de alguma pessoa, faça uma análise detalhada do que está julgando e será muito mais inteligente dizer, por falta de maiores detalhes, que não tem condições de fazer um julgamento justo, uma análise criteriosa do acontecimento, do que "chutar" e se sair mal.

Muitas fofocas começam assim: alguém falou (e aumentou um ponto), outro ouviu e aumentou seu ponto, contando para outro que, por sua vez, aumentou seu ponto e... sabemos aonde vai chegar. E, sem uma análise criteriosa do que ouvimos, podemos estar contando uma mentira sem saber, por dar ouvidos a fofocas.

Antes de julgar, tenha certeza de que a fonte da informação é digna de crédito e procure saber mais detalhes. Se sentir que é fofoca, esqueça... não leve adiante.

"Pode-se secar no coração
de uma mulher a seiva de todos
os amores: não se extinguirá a
do amor materno."
(Júlio Dantas)

Poema para o Dia das Mães

*"O colar mais precioso que
orna uma mãe são
os braços de seu filho."*
(Grácia C. Matos)

"A mão que embala o berço é a mão que rege o mundo"— disse o poeta.
— mãos que embalam berços:
— mãos pequeninas e meigas
— mãos que formam, hoje,
— os grandes seres do amanhã: operários e artistas, estadistas e militares, legisladores e médicos, escritores e políticos, intelectuais e líderes, administradores e estadistas.
— Mãos solícitas, bondosas, sábias, zelosas, ativas, enérgicas, frágeis, mas incansáveis, queridas, que tudo fazem com dedicação: lavam, passam, vestem, agasalham, acariciam, ensinam a andar, a abraçar, a gesticular, a ler e a escrever, a estudar e a viver; são mãos que sabem, com amor, disciplinar, instruir, advertir, exemplificar, corrigir, que nunca cessam de dar amparo, consolo, afeto, amor, carinho, afagos e bênçãos.
Além das pequeninas, sábias, ativas e frágeis, mas incansáveis mãos das mães deste mundo, queremos também enaltecer:
Seus olhos — que iluminam, consolam e cantam...
Seus lábios — que sorriem, beijam e falam com ternura...
Seus pés — que, ágeis e irrequietos, percorrem léguas a cada dia...
Seu coração — imenso manancial de amor, perdão e bondade...
Seu espírito — terno, paciente, ensinador e amigo...
Queremos, enfim, glorificar todo seu miraculoso ser: humano e divino!
Humano: para ficar a cada minuto da hora e a cada hora do dia, junto de seus filhos.
Divino: para proteger, com suas asas de candura e paz, os seres que o bondoso Deus lhe confiou a guarda!
Por isso, mamãe, quando comemoramos o seu dia especial, porque todo dia é seu dia em nosso coração de filho, nós o queremos fazer dirigindo-nos: — A Deus, o supremo Pai, em uma prece de gratidão pela bênção de termos você, que é tudo para nós: anjo, guia, luz, alimento, carinho, repouso, inspiração, amor e paz. — A Você, a quem não vamos dizer o cansado "Muito Obrigado, Mamãe", que lhe devemos em verdade, mas proclamar, com todo o carinho de nossos corações: NÓS A AMAMOS, MAMÃE — NÓS A AMAMOS!

Adaptado do livro *Iluminar Interior — mensagens e temas para meditar,* do companheiro J. B. Oliveira.

Se há alguém que merece nosso carinho, nosso amor é nossa mãe, mesmo quando já inválida, às vezes, por várias razões, colocada num asilo.

Dê-lhe toda a atenção que ela merece, sabemos que há muito serviço, que há muitas preocupações, compromissos, mas mãe só temos uma.

Mesmo que ela não tenha sido a mãe que você queria (os filhos sempre querem que elas sejam diferentes por melhores que sejam), ela merece nosso carinho, como vimos antes. Seu dia são todos os dias, mas, se você não pode lhe dar o seu amor diariamente, pelo menos no dia dedicado a elas vá visitá-la e leve-lhe flores que ela ficará eternamente agradecida.

"É belo dar quando solicitado;
é mais belo, porém, dar
por haver apenas compreendido."
(Gilbran Kalil)

Meu velho

"Ninguém está livre de dizer tolices, o imperdoável é dizê-las de modo solene."
(Montaigne)

Carta de um velho pai ao seu filho(a):

"Amado(a) filho(a),
No dia em que este velho já não seja o mesmo, tenha paciência e me compreenda.

Quando derramar comida sobre minha camisa e esquecer como amarrar meus sapatos, tenha paciência comigo e lembre-te das horas que passei te ensinando a fazer as mesmas coisas (quando eras criança).

Se quando conversas comigo, repito e repito as mesmas palavras e sabes de sobra como termina, não me interrompas e me escute. Quando eras pequeno, para que dormisses, tive que te contar milhares de vezes a mesma história até que fechasses os olhinhos.

Quando estivermos reunidos e, sem querer, fizer minhas necessidades, não fiques com vergonha e compreenda que não tenho culpa disto, pois já não posso controlar. Pensa quantas vezes quando criança te ajudei, pacientemente a teu lado, esperando que terminasses o que estavas fazendo.

Não me reproves porque não quero tomar banho, não me chames a atenção por isto, lembra-te dos momentos que te persegui e os mil pretextos que inventava para tornar mais agradável teu banho.

Quando me vês inútil e ignorante na frente de todas as coisas tecnológicas que já não poderei entender, suplico-te que me dê todo o tempo que seja necessário para não me machucar com o teu sorriso sarcástico. Lembra que fui eu quem te ensinou tantas coisas: comer, vestir-se e freqüentar a vida tão bem como tu o fazes. São produtos do meu esforço e perseverança.

Quando, em algum momento, enquanto conversamos, eu me esquecer do que estamos falando, dê-me todo o tempo que seja necessário até que eu me lembre e, se não posso fazê-lo, não fiques impaciente; talvez não fosse importante o que falavas e a única coisa que queria era estar contigo e que me escutasse nesse momento.

Se alguma vez já não quero comer, não insistas. Sei quando posso e quando não devo. Também compreendas que, com o tempo, já não terei dentes para morder nem gosto para sentir.

Quando minhas pernas falharem por estarem cansadas para andar... dá-me tua mão terna para me apoiar, como eu fiz quando começaste a caminhar com suas fracas perninhas.

Por último, quando, algum dia, me ouvir dizer que já não quero viver e só quero morrer, não te aborreças. Algum dia entenderás que isto não tem a ver com carinho ou com quanto te amei.

Trata de compreender que já não vivo, senão sobrevivo, e isto não é viver. Sempre quis o melhor para ti e preparei os caminhos que deves percorrer. E então pensei que, com este passo que me adianto a dar, estarei construindo para ti outra rota em outro tempo, porém sempre contigo.

Não te sinta triste, enojado(a) ou importante por me ver assim. Dá-me teu coração, compreende-me e me apóia, como fiz quando começaste a viver.

Da mesma maneira que te acompanhei em teu caminho, peço-te que me acompanhes para terminar o meu. Dá-me amor e paciência, que te devolverei gratidão e sorrisos com o imenso amor que tenho por ti.

Atenciosamente,
Teu velho."

Este lindo poema, dedicado a todos os pais do mundo, dá-nos a verdadeira dimensão de uma vida.

É por causa de escritos assim que devemos analisar melhor nossas vidas. Independentemente de nosso nível social. Se não tivermos, quando envelhecermos, o respeito, a atenção e, principalmente, o amor de nossos filhos ou entes queridos, de nada valerá nossa fortuna, nosso poder, nossa ganância, nossa imponência, pois teremos que descer de nosso pedestal.

Filhos, nessa vida atribulada em que vivemos e em que não temos tempo para nada, não esqueçam de seus pais, pois, apesar de eles parecerem fortes, frios, eles gostariam de receber um pouco mais de carinho de seus filhos.

Se o dia das mães é importante, o dia dos pais também o é. Não o esqueça nunca e, principalmente, no dia dedicado a ele. Mesmo que não puder ou não quiser lhe dar um presente, pode ter certeza, que o maior presente é seu abraço, seu beijo, sua lembrança.

"Se você quer ser minha namorada,
Mas que linda namorada, você poderia ser.
Se quiser ser somente minha,
Exatamente essa coisinha,
Essa coisinha toda minha
Que ninguém mais pode ser...
... Você tem que vir comigo em meu caminho..."
(Vinícius de Moraes)

Minha(meu) eterna(o) namorada(o)

"O amor não consiste em duas pessoas olharem uma para a outra, mas olharem juntas na mesma direção."
(Antoine de Saint-Exupéry)

No dia 12 de junho, comemora-se o Dia dos Namorados e não dever ser comemorado somente pelos jovens que se amam: todos os que se amam deverão comemorar esse dia, não importando a idade.

Vamos escrever um verso saído de nosso coração, por mais simples que seja e enviá-lo junto com uma flor, com uma caixa de bombons, de um perfume ou de uma jóia e, principalmente, junto com nosso amor, nossa alegria de estar ao lado dela(e).

Veja se você gosta desta mensagem e se encaixa em sua situação, adapte-a, modifique-a, mas use sua criatividade e seu amor para produzir seu verso, seu poema de amor.

FELIZ DIA DOS NAMORADOS
Eu ainda continuo sendo seu namorado?
Já se foram ___ anos que estamos casados e não parece.
Vendo nossos filmes de antigamente
Percebemos que muita coisa mudou e continua mudando.
Nossas vidas ficaram mais completas com
a chegada de nossos filhos.
Nossa situação financeira se estabilizou.
Nossos cabelos embranqueceram (o meu sumiu),
Nossa barriguinha ficou mais saliente.
Moramos num belo apartamento,
Temos até casa de campo.
Até brigamos mais,
Mas, nosso amor
Aquele da nossa juventude
Esse continua igual
Não mudou
Eu te
Amo

Ou o que você acha deste outro poema? Para mim fez sucesso.
Se gostar, adapte-o à sua situação e vá em frente.

Querida,
Hoje é um dia muito especial.
Apesar de vivermos há tanto tempo juntos,
Ainda vivemos como eternos namorados, por isso:
Pensei numa jóia... Você já é a jóia da minha vida.
Pensei numa roupa... você é quem me agasalha,
você é minha roupa interior.
Pensei num calçado... você é que me conduz
pelos caminhos da vida.
Pensei num casaco... você é quem me esquenta no frio.
Pensei em coisas deliciosas... você é o açúcar que me adoça.
Mas, acordar-lhe no meio de tantas coisas gostosas
(um café da manhã) foi o que me ocorreu.
Iniciar uma manhã gostosa com você, na mesa, na cama, na vida...
Eu te amo...

Para completar com chave de ouro esse dia, cante para ela(e) os versos inesquecíveis de Vinícius de Moraes e tenham um belo dia, uma bela noite e uma bela vida.

Lembre-se também da data de quando vocês se casaram, da data do aniversário dela(e), de quando inicia a primavera, lembre-se de todas as datas possíveis e imagináveis e faça de sua vida a dois um viver sem monotonia, um verdadeiro paraíso.

Como vimos, só o amor nos traz a alegria e a felicidade.

"Alguns juízes são absolutamente
incorruptíveis. Ninguém consegue
fazê-los fazer justiça."
(Bertold Brecht)

Uma antiga lenda

*"Quem persevera na fé
sempre chega lá."*

"Conta uma antiga lenda que, na Idade Média, um homem muito religioso foi injustamente acusado de ter assassinado uma mulher.

Na verdade, o autor era pessoa influente no reino e, por isso, desde o primeiro momento, procurou-se um 'bode expiatório' para acobertar o verdadeiro assassino.

O homem acusado foi levado a julgamento, já temendo o resultado: a forca.

Ele sabia o que iria ser feito para condená-lo e que teria poucas chances de sair vivo da história.

O juiz que também estava combinado para levar o pobre homem à morte, simulou um julgamento injusto, fazendo uma proposta ao acusado que provasse sua inocência.

Disse o juiz:

— Sou de uma profunda religiosidade e por isso vou deixar sua sorte nas mãos do Senhor. Vou escrever num pedaço de papel a palavra INOCENTE e no outro pedaço a palavra CULPADO. Você sorteará um dos papéis e aquele que sair será o veredicto. O Senhor determinará seu destino — sentenciou o juiz.

Sem que o acusado percebesse, o juiz preparou dois papéis, mas, em ambos escreveu CULPADO, de maneira que naquele instante não existia nenhuma chance do acusado se livrar da forca. Não havia saída. Não havia alternativas para o pobre homem.

O juiz colocou os dois papéis em uma mesa e mandou o acusado escolher um. O homem pensou alguns segundos e, pressentindo a "vibração", aproximou-se da mesa, pegou um dos papéis, colocou na boca e engoliu.

Os presentes ao julgamento reagiram surpresos e indignados com a atitude do homem.

— Mas, o que você fez? E agora? Como vamos saber o veredicto?

— É muito fácil — respondeu o homem — Basta olhar o outro pedaço que sobrou e saberemos que acabei engolindo o contrário. Imediatamente o homem foi libertado."

Por mais difícil que seja a situação, não deixe de acreditar até o último momento. Saiba que para qualquer problema há sempre uma saída.

Não se entregue, não se desespere, acredite sempre, faça tudo que estiver a seu alcance para resolver a situação que, quando menos se espera, encontra-se uma saída.

"Os vencedores da batalha da vida
são homens perseverantes que, sem se
julgarem gênios,
convenceram-se de que só pela
perseverança e esforço
poderiam chegar ao fim almejado."
(Ralph W. Emerson)

A paz perfeita

*"Aqueles que conservam a sua paz
interior em meio ao tumulto da vida moderna
são os que encontram a alegria de viver."*

Analisemos está fábula antiga extraída do site www.aikikai.com.br e procuremos tirar nossas conclusões.

"Houve um rei que ofereceu um grande prêmio ao artista que fosse capaz de captar numa pintura a paz perfeita.

Foram muitos os artistas que tentaram. O rei observou e admirou todas as pinturas, mas houve apenas duas de que ele realmente gostou e teve que escolher entre ambas.

A primeira era um lago muito tranqüilo. Este lago era um espelho perfeito onde se refletiam umas plácidas montanhas que o rodeavam. Sobre elas encontrava-se um céu muito azul com tênues nuvens brancas. Todos os que olharam para esta pintura pensaram que ela refletia a paz perfeita.

A segunda pintura também tinha montanhas. Mas estas eram escabrosas e estavam despidas de vegetação. Sobre elas havia um céu tempestuoso do qual se precipitava um forte aguaceiro com faíscas e trovões. Montanha abaixo, parecia retumbar uma espumosa torrente de água. Tudo isto não se revelava nada pacífico.

Mas, quando o rei observou mais atentamente, reparou que atrás da cascata havia um arbusto crescendo de uma fenda na rocha. Neste arbusto encontrava-se um ninho. Ali, no meio do ruído da violenta camada d'água, estava um passarinho placidamente sentado no seu ninho.

Paz perfeita!

Qual pensas que foi a pintura ganhadora?

O rei escolheu a segunda. Sabes por quê?

Porque — explicou o rei — paz não significa estar num lugar sem ruídos, sem problemas, sem trabalho árduo ou sem dor. Paz significa que, apesar de se estar no meio de tudo isso, permanecemos calmos no nosso coração.

Este é o verdadeiro significado da paz."

E você, em sua análise, concorda com o que afirmou o rei? Será que morando, por exemplo, numa grande cidade, com trânsito ruim, poluição sonora e do ar, notícias ruins na TV, nos jornais, poderemos encontrar nossa paz?

Se soubermos encarar os fatos adequadamente e fizermos nossa lição de casa, pensando positivamente, fazendo nossa meditação diária, poderemos nos sentir como o passarinho da fábula.

Agora, se entrarmos na neura do dia-a-dia viveremos atormentados, sem sossego e sem paz.

Viver em paz não é viver como o passarinho em seu ninho, no momento da pintura, pois ele também precisa sair para defender seu alpiste de cada dia, mas, na hora certa, encontra a sua paz. O mesmo deve acontecer conosco, precisamos viver nosso dia-a-dia na correria, no trânsito, vivenciando os problemas, mas, interiormente, devemos estar em paz.

Aí é cair na cama e dormir o sono dos justos... na paz.

"Não oreis para obterdes vida fácil;
mas, sim, para serdes mais fortes.
Não peçais tarefas iguais às vossas forças,
mas, sim, forças iguais às vossas tarefas."
(Felipe Brooke)

Pai-Nosso meditado

*"Não há sentido em orar como um santo, pela manhã,
e viver como um bárbaro o resto do dia."*
(Alexis Carrell)

"Cristão: Pai-Nosso que estais no Céu...
Deus: Sim? Estou aqui.
Cristão: Por favor, não me interrompa, estou orando!
Deus: Mas você me chamou!
Cristão: Chamei? Eu não chamei ninguém. Estou orando. Pai-Nosso que estás no Céu...
Deus: Aí, você chamou de novo.
Cristão: Fiz o quê?
Deus: Chamou-Me. Você disse: Pai-Nosso que estais no Céu. Estou aqui. Como é que posso ajudá-lo?
Cristão: Mas eu não quis dizer isso. É que estou orando. Oro o Pai-Nosso todos os dias, sinto-me bem orando assim. É como se fosse um dever. E não me sinto bem até cumpri-lo...
Deus: Mas, como pode dizer Pai-Nosso, sem lembrar que todos são seus irmãos, como pode dizer que estais no Céu, se você não sabe que o céu é a paz, que o céu é amor a todos?
Cristão: É, realmente, ainda não havia pensado nisso.
Deus: Mas, prossiga sua oração.
Cristão: Santificado seja o Vosso nome...
Deus: Espere aí! O que você quer dizer com isso?
Cristão: Quero dizer... quer dizer, é... sei lá o que significa. Como é que vou saber? Faz parte da oração, só isso!
Deus: Santificado significa digno de respeito, Santo, Sagrado.
Cristão: Agora entendi. Mas nunca havia pensado no sentido dessa palavra SANTIFICADO "Venha a nós o vosso reino, seja feita a vossa vontade, assim na terra como no Céu..."
Deus: Está falando sério?
Cristão: Claro! Por que não?
Deus: E o que você faz para que isso aconteça?
Cristão: O que faço? Nada! É que faz parte da oração; além disso, seria bom que o Senhor tivesse um controle de tudo o que acontecesse no Céu e na Terra também.
Deus: Tenho controle sobre você?
Cristão: Bem, eu freqüento a igreja!
Deus: Não foi isso que Eu perguntei. Que tal o jeito que você trata os

seus irmãos, a maneira com que você gasta o seu dinheiro, o muito tempo que você dá à televisão, as propagandas que você corre atrás, e o pouco tempo que você dedica a Mim?

Cristão: Por favor. Pare de criticar!

Deus: Desculpe. Pensei que você estava pedindo para que fosse feita a Minha vontade. Se isso for acontecer, tem que ser com aqueles que rezam, mas que aceitam a Minha vontade, o frio, o sol, a chuva, a natureza, a comunidade.

Cristão: Está certo, tens razão. Acho que nunca aceito a Sua vontade, pois reclamo de tudo: se manda chuva, peço sol, se manda o sol, reclamo do calor, se manda frio, continuo reclamando, se estou doente, peço saúde, não cuido dela, deixo de me alimentar ou como muito...

Deus: Ótimo reconhecer tudo isso. Vamos trabalhar juntos, Eu e você, mas, olha, vamos ter vitórias e derrotas. Eu estou gostando dessa nova atitude sua.

Cristão: Olha, Senhor, preciso terminar agora. Esta oração está demorando muito mais do que costuma ser. Vou continuar: "o pão nosso de cada dia nos dai hoje..."

Deus: Pare aí! Você está me pedindo pão material? Não só de pão vive o homem, mas também da Minha palavra. Quando Me pedires o pão, lembra-te daqueles que nem conhecem pão. Pode pedir-Me o que quiser, desde que me veja como um Pai amoroso! Eu estou interessado na próxima parte de sua oração. Continue!

Cristão: "Perdoai as nossas ofensas, assim como nós perdoamos a quem nos tem ofendido..."

Deus: E o seu irmão desprezado?

Cristão: Está vendo? Olhe, Senhor, ele me já criticou várias vezes e não era verdade o que dizia. Agora não consigo perdoar. Preciso me vingar.

Deus: Mas, e sua oração? O que quer dizer sua oração? Você me chamou e eu estou aqui, quero que saia daqui transfigurado, estou gostando de você ser honesto. Mas não é bom carregar o peso da ira dentro de você, não acha?

Cristão: Acho que iria me sentir melhor se me vingasse!

Deus: Não vai, não! Vai se sentir pior. A vingança não é tão doce quanto parece. Pense na tristeza que Me causaria, pense na sua tristeza agora. Eu posso mudar tudo para você. Basta você querer.

Cristão: Pode? Mas como?

Deus: Perdoa seu irmão, Eu perdoarei você e o aliviarei.

Cristão: Mas, Senhor, eu não posso perdoá-lo.

Deus: Então não Me peça perdão também!

Cristão: Mais uma vez está certo! Mais do que quero vingar-me, quero a paz com o Senhor. Está bem, está bem; eu perdôo a todos, mas, ajuda-me, Senhor. Mostra-me o caminho certo para mim e para meus inimigos.

Deus: Isto que você pede é maravilhoso, estou muito feliz com você. E você, como está se sentindo?

Cristão: Bem, muito bem, mesmo! Para falar a verdade, nunca havia me sentido assim! É tão bom falar com Deus.

Deus: Ainda não terminamos a oração. Prossiga...

Cristão: "E não nos deixeis cair em tentações, mas livrai-nos do mal..."

Deus: Ótimo, vou fazer justamente isso, mas não se ponha em situações onde possa ser tentado.

Cristão: O que quer dizer com isso?

Deus: Deixe de andar na companhia de pessoas que o levam a participar de coisas sujas, intrigas, fofocas. Abandone a maldade, o ódio. Isso tudo vai levá-lo para o caminho errado. Não use tudo isso como saída de emergência!

Cristão: Não estou entendendo!

Deus: Claro que entende! Você já fez isso comigo várias vezes. Entra no erro, depois corre a me pedir socorro.

Cristão: Puxa, como estou envergonhado!

Deus: Você Me pede ajuda, mas logo em seguida volta a errar de novo, para mais uma vez vir fazer negócios comigo!

Cristão: Estou com muita vergonha, perdoa-me, Senhor!

Deus: Claro que perdôo! Sempre perdôo a quem está disposto a perdoar também, mas, não esqueça, quando me chamar, lembre-se de nossa conversa, medite cada palavra que fala! Termine sua oração.

Cristão: Terminar? Ah, sim, "Amém!"

Deus: O que quer dizer amém?

Cristão: Não sei. É o final da oração.

Deus: Você só deve dizer amém quando aceita dizer tudo o que eu quero, quando concorda com minha vontade, quando segue os meus mandamentos, porque AMÉM quer dizer: assim seja, concordo com tudo que orei.

Cristão: Senhor, obrigado por ensinar-me esta oração e agora obrigado por fazer-me entendê-la.

Deus: Eu amo cada um dos meus filhos, amo mais ainda aqueles que querem sair do erro, querem ser livres do pecado. Abençôo-te e fica com Minha paz!

Cristão: Obrigado, Senhor! Estou muito feliz em saber que és meu amigo."

E quantos de nós proferimos as palavras que Cristo nos ensinou automaticamente, às vezes com o pensamento longe, sem saber conscientemente o que estamos fazendo. E também não adianta nada fazermos nossa oração e ignorarmos Seus ensinamentos em nossas ações.

Quando for orar, eleve seu pensamento a Deus, sinta cada palavra que proferir e seu significado e saiba que Deus ouve suas orações.

"Você pode estar perguntando:
Quem sou eu para ser brilhante,
lindo, talentoso, fabuloso, capaz?
Na realidade, podemos
afirmar: quem é
você para não sê-lo?
Acredite!"

A discriminação

"A verdade é que muita gente cria regras para não ter que tomar decisões."

Vamos fazer a nossa parte!

Racismo. Isso aconteceu num vôo da British Airways entre Johannesburgo e Londres. Uma senhora branca, de uns cinqüenta anos, senta-se ao lado de um negro. Visivelmente perturbada, ela chama a aeromoça:

— Qual é o problema, senhora? Pergunta a aeromoça.

— Mas você não está vendo? Responde a senhora — você me colocou do lado de um negro. Eu não consigo ficar do lado desses nojentos. Dê-me outro assento.

Por favor, acalme-se, diz a aeromoça, quase todos os lugares deste vôo estão tomados. Vou ver se há algum lugar disponível. A aeromoça afasta-se e volta alguns minutos depois.

— Minha senhora, como eu suspeitava, não há nenhum lugar vago na classe econômica. Eu conversei com o comandante e ele me confirmou que não há mais lugar na executiva. Entretanto, ainda temos um assento na primeira classe.

Antes que a senhora pudesse fazer qualquer comentário, a aeromoça continuou:

— É totalmente inusitado a companhia conceder um assento de primeira classe a alguém da classe econômica, mas, dadas as circunstâncias, o comandante considerou que seria escandaloso alguém ser obrigado a sentar-se ao lado de pessoa tão execrável.

E, dirigindo-se ao negro, a aeromoça complementa:

— Portanto, senhor, se for de sua vontade, pegue seus pertences que o assento da primeira classe está à sua espera.

Todos os passageiros ao redor que, chocados, acompanhavam a cena, levantaram-se e bateram palmas.

Infelizmente é uma cena rara de acontecer. A discriminação contra as minorias ainda é grande.

A discriminação, o preconceito, apesar das leis, ainda é grande, as pessoas ainda não se aperceberam de que não é a cor da pele, o sexo, o nível social, a idade ou a religião que fazem a diferença e, sim, a educação, o espiritualismo de cada um.

Existem bandidos brancos, pretos, amarelos ou vermelhos, há ladrões que residem em favelas e outros em palacetes, há trabalhadores desonestos, como os há na classe dos juízes e dos políticos, há senhores desonestos e grosseiros como existem brancos, pretos, amarelos ou vermelhos, moradores em favelas ou em palacetes, trabalhadores, políticos, juízes e senhores que são dignos cidadãos, honrados e honestos.

Quem somos nós para discriminarmos qualquer pessoa? A discriminação e o preconceito são aberrações abomináveis que alguns ainda teimam em manter.

Na minha opinião, a maior discriminação começa quando se quer dar algumas vantagens às minorias, como: as escolas tem de ter tantos por cento de minorias, como: negros, amarelos, nordestinos, pobres, etc. Como vão-se sentir esses cidadãos? discriminados, é claro.

Nossos partidos políticos são obrigados por lei a ter x por cento de mulheres em seus quadros. Novamente discriminação.

Será que essas minorias não têm competência de ocupar esses cargos ou funções por conta própria? É claro que têm, o que existe em alguns casos é discriminação por parte de algum selecionador, de alguma empresa, de algum partido, de alguma escola. Agora, fazer discriminação para combater a discriminação é burrice.

Outra discriminação que se faz, em razão de algumas leis trabalhistas que parecem estar caindo, é quanto ao preconceito que algumas empresas e selecionadores ou chefes têm sobre a idade.

O ser humano ao completar, vamos dizer, quarenta anos, está no auge de sua capacidade profissional ou mental e até física. Só que não consegue emprego em virtude do preconceito que existe de que ele já está encostado, de que ele não se atualizou, de que ele ganha muito, de que ele... poderíamos encontrar mil outras objeções para não se admitir uma pessoa com mais de quarenta anos. E muitas dessas objeções servem para um ou para outro, não para a grande maioria, mas, por preconceito e discriminação dá-se preferência a um jovem, que nem sempre possui a experiência necessária.

Se, no passado, um cidadão de sessenta ou setenta anos era considerado "velho", hoje, esse cidadão, na maioria das vezes, está atualizado, gozando de ótima saúde e com competência para continuar prestando um bom serviço, mas, por discriminação ou ignorância, é posto de lado.

E assim poderíamos ir relatando muitas outras situações que, por causa da estupidez, falta de esclarecimento e outras deficiências mais do ser humano, criam-se o preconceito e a discriminação.

E muitos não perceberam ainda que poderão, quando menos esperarem, estar vivendo uma dessas situações discriminatórias do outro lado da mesa.

O ser humano foi criado à imagem e semelhança do Senhor... somos todos iguais.

O mundo em que vivemos

Com o título "Mensagem Interessante" apanhamos no computador a seguinte mensagem: "Se reduzirmos a população do mundo como uma vila de 100 pessoas, mantendo as proporções de raça, essa vila seria composta de:

  57 asiáticos
  14 americanos (norte, central e sul)
  21 europeus
   8 africanos
  52 mulheres e 48 homens
  30 brancos e 70 não brancos
  30 cristãos e 70 não cristãos
  80 moram em favelas
  70 são analfabetos
  89 heterossexuais e 11 homossexuais
   6 pessoas que possuem 59% de toda riqueza (são americanos)
  50 estão morrendo de fome
   1 está morrendo — 1 está nascendo (por dia)
   1 possui um computador — 1 tem diploma universitário

Se considerarmos o mundo desta forma, devemos aceitar e compreender o seguinte:

• Se você acordou esta manhã com boa saúde, tem mais sorte do que um milhão de pessoas que não viverão até a próxima semana.

• Se você jamais passou os perigos de uma guerra, a solidão de uma prisão, a agonia da tortura, o desespero da fome, você está melhor do que 500 milhões de pessoas.

• Se você pode ir à igreja, sem ser torturado ou morto, você tem mais sorte do que 3 milhões de pessoas.

• Se você tem comida na sua geladeira, está vestido, tem um telhado sobre sua cabeça e um lugar quente para dormir, você é mais rico do que 75% da população mundial.

• Se você tem dinheiro no banco, no bolso e trocados no cofrinho em casa, você está entre 8% das pessoas privilegiadas.

• Se os seus pais ainda são vivos e ainda estão casados, você é realmente uma pessoa rara.

• Se você consegue ler esta mensagem, é abençoado duas vezes, a uma porque alguém pensou em você e a outra porque você não faz parte dos dois milhões de analfabetos que moram no mundo."

Então:
Trabalhe como se o dinheiro não fosse necessário.
Ame como se ninguém, nunca tenha te magoado.
Dance como se ninguém estivesse olhando.
Cante como se ninguém estivesse ouvindo.
Viva como se o paraíso fosse neste planeta.
Aproveite cada minuto de sua vida como uma coisa muito preciosa.
Ame seu próximo e seja muito feliz.
Viva plenamente, agradecendo a Deus e ao esforço que você dedicou para conseguir chegar onde chegou.
E nunca pare... continue em direção a seu grande destino.

"O que hoje somos deve-se aos nossos pensamentos
de ontem que condicionaram nosso comportamento,
e são nossos atuais pensamentos que constroem a
nossa vida de amanhã; a nossa vida é a criação de nossa mente.
Se um homem fala e atua com a mente impura,
o sofrimento lhe seguirá da mesma forma que a
roda do carro segue ao animal que o arrasta."
(Pensamento Budista)

Coisas boas para se fazer durante os apagões

"A meta da existência é encontrar felicidade, o que significa encontrar interesse."
(Alexandre Sutherland Neill)

Daqui a pouco pode começar de novo a faltar energia elétrica e, se você tiver o espírito de fazer "do limão uma limonada", aqui vão algumas sugestões de como transformar esse problema em uma oportunidade.

Converse...

Retome o velho e esquecido hábito da conversa com seus filhos, esposa, marido, pais, vizinhos, amigos. Já que você não pode ficar hipnotizado pela TV (aliás, que tremenda chance de perder aqueles emocionantes programas dominicais, não é mesmo?) ou pendurado no computador, preste finalmente atenção às pessoas a seu redor. Coloque uma vela na mesa da sala de jantar e retome aquele velho hábito de bater papo (mesmo que seja furado) com sua família e veja quanto você tem deixado de descobrir sobre o dia-a-dia das pessoas que lhe são próximas. Talvez você descubra novas maneiras de ajudar ou ser ajudado. Vale até reunir todos na sala escura e cada um contar uma história de terror. Jogue cartas, ou xadrez, ou damas, ou aqueles jogos de tabuleiro (evite o Jumanji).

Leia...

Mesmo à luz de velas, comece aquele livro cuja leitura você tem adiado há tempos. Não digo o jornal, na página de esportes ou economia, mas aquele romance que lhe indicaram e você comprou, deixando no canto para "a primeira oportunidade". Pois, então, ela chegou. É ideal para noites sem luz elétrica.

Escreva...

Tome uma boa "bic" e um caderno velho e arrisque algumas idéias, lembrando o tempo em que você era alfabetizado. Ou, se quiser, desenhe, seja um novo *layout* para o escritório, uma planta de qualquer tipo ou uma caricatura de seu chefe. Mas, o melhor mesmo seria aquela carta pessoal, de próprio punho, que supera de longe aqueles *e-mails* pouco criativos que você costuma mandar, aproveitando piadinhas que recebe pela Internet. Uma carta para sua mulher, ou seu marido, recordando bons tempos, pode impressionar bastante e renovar o relacionamento.

Faça exercício...

Use a escada. Já que o elevador está parado, pegue uma lanterna ou uma vela (cuidado!); se for à noite, e desça as escadas até o saguão do seu edifício. Se você mora no 14º andar, tanto melhor, era o exercício que você precisava. Acabou a desculpa que faltava para não caminhar. Nem precisa caminhar. Vá lá embaixo e volte. Para quem tinha esquecido que tinha pernas, isso já é bastante.

Descanse a cabeça...

Não leve trabalho para casa. Alegue que a bateria do seu *laptop* não tem duração para agüentar horas extras no ambiente doméstico, portanto use o apagão como desculpa para fazer coisas mais criativas do que tentar compensar a sua falta de produtividade no escritório.

Planeje...

Não deixe de refazer seu orçamento doméstico. Estatísticas provam que nove meses após os blecautes as taxas de natalidade aumentam consideravelmente. Novos membros da família precisam contar com um bom suporte financeiro, portanto, a não ser que isso já estivesse em seus planos, faça com cuidado. Planeje e prepare-se.

Descubra...

Quantas coisas se pode fazer sem energia elétrica — essa sacerdotisa moderna que nos possibilita o acesso à cultuada e impiedosa deusa Tecnologia — valendo-se apenas daquele outro tipo de luz que está dentro de nós mesmos e do qual, na maioria das vezes, nos esquecemos. (*Sidney Frattini é professor universitário no Rio de Janeiro.*)

Falando em apagão, como está seu espírito de voluntariado? Você já está colaborando ou está esperando que tudo se apague para depois começar a economizar na "marra"? Se todos nós fizermos como o beija-flor querendo apagar o incêndio da floresta, levando água em seu biquinho, o problema não terá maiores conseqüências. Faça o seu papel e passe a ter uma melhor convivência com a família e uma maior criatividade.

Faça você mesmo um apagão, sem precisar ser o oficial, e planeje, converse, leia, descubra, relaxe, etc. e vai sentir como a vida será mais produtiva e saudável.

"Todo aquele que deseje nos mostrar
uma verdade não a expresse em palavras,
mas, nos coloque em posição tal
que possamos vê-la
por nós mesmos."
(José Ortega y Gasset)

A diferença entre ter e ser

"Há pessoas que amam o poder e outras que têm o poder de amar."

Entre os seres humanos, temos os que se julgam o máximo, que são vaidosos e egoístas e acreditam que, só porque têm dinheiro têm tudo na vida.

Seus objetivos resumem-se em ganhar dinheiro, numa ambição desmedida, esquecendo-se do aprimoramento dos valores espirituais.

Esquecem-se de SER para lutarem apenas pelo TER riquezas materiais, passando muitas vezes por cima dos outros para consegui-las, quando sabemos que o que realiza verdadeiramente o ser humano é o SER uma pessoa que "dá de si antes de pensar em si", pois sabe que "mais se beneficia quem melhor serve" (lemas do Rotary).

Infelizmente, ainda temos muitos seres humanos que, como dissemos, só pensa no vil metal (para eles que são egoístas e muitas vezes ladrões) e que enganam os outros, mas não a si mesmos, a sua consciência. Eles esquecem destas verdades:

O dinheiro compra a cama, mas não compra o sono.
O dinheiro compra o livro, mas não compra a inteligência.
O dinheiro compra a comida, mas não compra o apetite.
O dinheiro compra os estudos, mas não compra a educação
O dinheiro compra remédios, mas não compra a saúde.
O dinheiro compra uma casa, mas não compra um lar.
O dinheiro compra amizades, mas não compra o amor.
O dinheiro compra divertimentos, mas não compra a felicidade.
O dinheiro compra crucifixo, mas não compra a fé.
O dinheiro compra um lugar no cemitério, mas não compra o céu.
O dinheiro pode subornar os homens, mas não suborna a consciência.
O dinheiro tira as aflições do corpo, mas não tira a intranqüilidade da alma.

O dinheiro não é um mal quando ganho e gasto honestamente, pois precisamos dele, mas, como vimos, não é tudo em nossa vida, é apenas uma parte, pois, sem amor, sem saúde, sem uma noite tranqüila de sono, sem uma consciência limpa, sem fé, sem esperança, sem Deus, do que vale o dinheiro?

Aprendi que muita gente acaba se tornando escravo do dinheiro, como nosso querido Tio Patinhas, que não sai de casa para não gastar, não faz uma viagem, um almoço em um restaurante, não compra uma roupa nova, não toma uma garrafa de vinho para não ter que tirar seu dinheirinho da conta.

Esses indivíduos só pensam em ganhar porque passam a ser, não donos, mas, instrumentos do dinheiro. E o dinheiro sabe bem usar seus "súditos".

Existem pessoas que são tão gananciosas e tão escravas do dinheiro que roubam tanto, em prejuízo do povo sofrido, e nem vão ter tempo para gastar tudo. São verdadeiros parasitas, escravos do dinheiro, e que tanto prejudica o povo e seu país.

O dinheiro é importante quando sabemos usá-lo adequadamente e quando são nossos instrumentos de bem-estar, não ao contrário.

Alguns afirmam que, de vez em quando, colocam o dinheiro na mesa e dizem: sou eu que mando. É uma forma de não se tornar escravo dele.

E você? É escravo ou senhor de seu dinheiro ganho honestamente?

"Todas as viagens são lindas,
mesmo as que fizeres
nas ruas de teu bairro.
O encanto dependerá do
teu estado de alma."
(Ribeiro Couto)

Uma manhã no parque

*"Deus não nos dotou de asas, é verdade...
Mas tampouco nos proibiu de voar."*
(João Melão)

Naquele domingo de junho, estava realmente um lindo dia, calor outonal, sem uma nuvem no céu, com uma brisa suave batendo em nosso rosto, era perfeito para passear no Parque do Ibirapuera ou fazer uma caminhada que tanto bem nos faz no meio dos arvoredos vendo e ouvindo os pássaros cantarem ou ainda ir assistir um *show* musical na famosa Praça da Paz, dentro do referido parque.

É muito gostoso o suor escorrendo de nossos rostos depois de uma ou duas voltas ao redor do parque, vendo as pessoas conversando enquanto caminham alegres e descontraídas e ver as crianças acompanhando seus pais nessas caminhadas, nesses passeios, nas brincadeiras.

É também muito bonito ver as pessoas cantarem e alegrarem-se juntas assistindo aos *shows*. A harmonia alia-se à música e ao parque. Tudo isso junto faz um bem tremendo ao indivíduo que se propõe a abrir o coração e embalar-se ao som da música.

No dia de visita ao Parque do Ibirapuera, esquecemo-nos de que São Paulo é uma cidade de trabalho, de correrias, de trânsito engarrafado, desumana, etc.

Afinal, estamos no Parque do Ibirapuera, um local de alto-astral, cheio de energia positiva (podemos ver muita gente abraçando as frondosas árvores, praticando *tai chi chuan*), com os marrecos e pombos fazendo suas revoadas, os cisnes e patos enfeitando as águas do tranqüilo lago, os ciclistas em suas idas e vindas. Podemos ainda apreciar as estátuas vivas, lindamente ornamentadas e todas prateadas. Só se mexem quando você coloca um trocado na sua caneca. Lindas e prontas para aquela foto de recordação.

Se você for por fora do parque, encontrará avenidas arborizadas, monumentos deslumbrantes, dignos de São Paulo, suntuosas casas, verdadeiros palacetes, tudo fazendo parte do complexo Ibirapuera.

Nos períodos certos, há exposições em suas dependências, sendo uma das mais famosas a Bienal de São Paulo.

Se você ainda não conhece o Parque do Ibirapuera, vá visitá-lo, deixe a preguiça do sábado ou do domingo para outra hora e divirta-se, passe um dia diferente. Se já o conhece, aproveite e vá mais uma ou mais vezes, que vale a pena.

O Parque Ibirapuera também faz parte, como muitos outros pontos de atração, da mais eclética capital do sul do mundo. Em São Paulo, você escolhe o teatro a que quer ir pelo artista que deseja ver. Há museus e exposições constantes. Poucos têm esse privilégio. Quem sabe devemos concordar com o nordestino que, ao referir-se a esta cidade, cantou: "É que Narciso acha feio o que não é espelho, porque és o avesso, do avesso, do avesso".

Curta sua cidade com tudo de bom que ela tem para oferecer. Ficar só vendo o pior, fazendo terrorismo ou tornar-se prisioneiro das circunstâncias fará com que você perca uma linda manhã de sol no parque que tanto bem faz à saúde e ao espírito.

> "Quanto mais velhos somos,
> mais importante se torna
> não agir como tal."
> (Ashleigh Brilliant)

A arte de ser escritor

"Aquele que toma a realidade e faz dela um sonho é um artista. Também será artista aquele que do sonho faz a realidade."
(Malba Tahan)

Quem não se emocionou e ou conheceu lugares incríveis por meio da leitura de um livro? Mas, será que alguém já parou para pensar naqueles que tornam possível essas emoções?

Independentemente do estilo de escrever, o papel primordial dos escritores é expressar a realidade de seu mundo. Mesmo que baseada em ficção, uma obra é quase sempre o retrato de uma época.

Pode ser uma manifestação extremamente íntima e particular, mas, com certeza tem espaço e estará inserida na sociedade.

A profissão de escritor não tem idade. Existem escritores de oito e de oitenta anos. Também não existe uma regra sobre a vocação literária. Há quem comece a escrever, por brincadeira, como Mário de Andrade, ou quem já nasça com a necessidade de escrever, como comenta Guimarães Rosa: "Nós, os homens do sertão, somos fabulistas da natureza. Está no nosso sangue narrar histórias. Já no berço recebemos esse dom para toda a vida". Há outros que necessitam escrever para provarem que são capazes para outros ou para si mesmos.

Podem ser escritores os médicos, os jornalistas, os advogados, os homens de recursos humanos, os economistas, os estudantes, etc. A melhor escola para os escritores são os próprios livros; o vício da leitura acaba virando a paixão por escrever.

Segundo o escritor Murilo Rubião, a escrita envolve tanto que "geralmente o escritor, mesmo não escrevendo, vive literatura 24 horas por dia". No dia 25 de julho, comemora-se o Dia do Escritor.

Que tal se você fizesse como eu e começasse a escrever? Sobre a saga de sua família, por exemplo, registrando os acontecimentos que você tem conhecimento, pesquisando com familiares ou em livros e deixasse para seus descendentes uma história, por mais simples que pareça ser será importante, se não para hoje, mas, sem dúvida, para o futuro.

Você poderá estar se dizendo: Logo eu que nem gosto de escrever, e nem sei escrever (por pura modéstia). Mas, escrever é como comer ou coçar, é só começar e ir devagarinho tomando gosto. Também não precisa querer ser um Jorge Amado.

O livro *A Saga dos Sarbulho* demorou praticamente onze anos, de idas e vindas, de cortes e acréscimos (mais de acréscimos) e foi escrito nas horas de folga, e posso dizer que valeu a pena pela satisfação que nos proporcionou e à família.

Experimente, dê essa alegria à sua família e à você mesmo. Escrever um livro e publicá-lo dá-nos a mesma sensação de quando tivemos nosso primeiro filho.

Vale a pena... apesar do trabalho que dá.

"Onde estás, felicidade?...
Em tudo quanto, acabado, me faz dizer:
'Foi bom, mas tão bom que nem senti o tempo passar'."
(Alfredo Bosi)

Aproveite cada momento

*"Nunca deixe para amanhã
o que pode e deve realizar hoje."*

"Meu amigo abriu a gaveta da cômoda da sua esposa e pegou um pequeno pacote embrulhado com papel de seda.
— Isto — disse — não é um simples pacote. Tirou o papel que o envolvia e observou a bonita seda e a caixa.
— Ela comprou isto na primeira vez que fomos a Nova York, há uns oito ou nove anos. Nunca o usou. Estava guardando-o para uma ocasião muito especial.
Bem, creio que esta é a ocasião. Aproximou-se da cama e colocou a prenda junto com as outras roupas que ia levar para a funerária; a esposa tinha acabado de morrer. Virando-se para mim, disse:
— Não guardes nada para uma ocasião especial. Cada dia que se vive é uma ocasião especial.
Ainda estou pensando o quanto estas palavras já mudaram a minha vida. Agora estou lendo mais e limpando menos.
Sento-me no terraço e admiro a vista sem me preocupar com as pragas. Passo mais tempo com a minha família e menos tempo no trabalho. Compreendi que a vida deve ser uma fonte de experiências a ser desfrutada, não para sobreviver. Já não guardo nada. Uso os copos de cristal todos os dias. Se me der vontade, ponho uma roupa nova para ir ao supermercado.
Já não guardo meu melhor perfume para ocasiões especiais, uso-o quando tenho vontade. As frases 'algum dia...' e 'qualquer dia...' desapareceram do meu vocabulário. Se vale a pena ver, escutar ou fazer, quero ver, escutar ou fazer agora. Não sei o que teria feito a esposa do meu amigo se soubesse que não estaria aqui na próxima manhã, coisa que todos nós ignoramos.
Creio que teria chamado seus familiares e amigos mais próximos. Talvez chamasse alguns amigos antigos para desculpar-se e fazer as pazes por possíveis desgostos do passado. Gosto de pensar que teria ido comer comida chinesa, sua favorita. São estas pequenas coisas deixadas por fazer que me fariam desgostoso se eu soubesse que minhas horas estão limitadas.
Desgostoso, porque deixaria de ver amigos com quem iria encontrar... cartas que pensava escrever 'qualquer dia destes'.
Desgostoso e triste, porque não disse a meus irmãos e aos meus filhos, com suficiente freqüência, que os amo muito.
Agora, trato de não atrasar, adiar ou guardar nada que traria risos, alegria e felicidade para nossas vidas.

E, a cada manhã, digo a mim mesmo que este pode ser um dia especial. Cada dia, cada hora, cada minuto, é especial.

Não podemos adiar ações que tragam paz, amor, alegria não só para nós como para aqueles que nos cercam. Deixar de dar aquele telefonema para nosso amigo hoje para dar amanhã. Poderemos amanhã não estar mais aqui, como também poderemos não encontrar mais nosso amigo, e como ficará nossa alma?

É claro que existem coisas que deverão ser realizadas só amanhã ou depois, mas aquelas em que o subconsciente nos alerta é preciso fazer no dia."

Comigo aconteceu. Durante vários dias em minha mente, vinha um alerta: ligue para a... e eu, por vários motivos fui deixando para amanhã, para depois, até que recebi um telefonema me informando que essa pessoa havia falecido. Senti uma perda maior do que a natural pois sentia que devia dar-lhe um último telefonema, dar-lhe uma última palavra. Mas, devido a meu "deixa para depois", não deu tempo.

Quando nossa intuição nos alerta, não podemos deixar passar essa oportunidade que poderá ser a última.

E quantas oportunidades perdemos na vida por deixar o que tínhamos que fazer hoje para amanhã... para depois, para nunca.

Já vimos que o passado já passou, não volta mais, o futuro está lá nos aguardando e lá encontraremos o que plantamos hoje, que é o mais importante, por isso é que se chama presente.

"Passarei por este mundo uma só vez.
Assim, todas as boas ações que eu possa praticar
E todas as gentilezas que eu possa dispensar a
Qualquer ser humano, não devem ser adiadas.
Devo aproveitar este momento, pois nunca
Voltarei a passar por este caminho."
(da Sabedoria Oriental)

O estômago

*"Encontrar a alma gêmea significa
conviver com alguém bem diferente de nós.
Porém, a força do amor
une mundos opostos e iguala diferenças."*
(Luizinho Bastos — Poeta e escritor)

"Certa ocasião, os diferentes membros e órgãos do corpo humano estavam todos muito aborrecidos com o estômago. Eles se queixavam de que todos estavam sendo obrigados a procurar comida para, depois, a entregar ao estômago, enquanto este, a única coisa que fazia era devorar o fruto do trabalho de todos eles.

Decidiram, então, não dar mais nenhum alimento ao estômago. As mãos deixaram de levar alimento à boca, os dentes deixaram de mastigar e a garganta deixou de engolir. Pensaram que, com isso, estariam obrigando o estômago a virar-se e a trabalhar por sua própria conta.

Mas, a única coisa que conseguiram foi enfraquecer o corpo todo, a tal ponto que, subitamente, todos eles se encontraram em perigo de morte. Em última análise, foi somente assim que eles mesmos acabaram aprendendo a lição de que, ajudando-se uns aos outros, na realidade, eles estavam trabalhando em prol do seu próprio bem-estar."

O ciúme muitas vezes mascara nosso racional, como aconteceu com os demais orgãos na fábula acima, e acontece com muitas pessoas que, fazendo críticas, deixam de colaborar pensando que o outro está querendo levar vantagem e, na realidade, o outro está apenas fazendo seu papel e nosso ciúme é que não nos deixa enxergar a realidade.

Muitos demoram a entender que só se encontra o verdadeiro sucesso quando há colaboração, quando há amor, quando há boa vontade, independentemente da posição que podemos estar ocupando.

Costumo afirmar: se você quer ser promovido, por exemplo, não vá passar uma rasteira no seu chefe, mas, ajude-o a subir.

Se você sabotá-lo para ficar em seu lugar, logo, logo cairá, pois, não terá sustentação nenhuma (e os outros sabem de sua atitude para tomar o lugar do chefe). Se você o ajudar a progredir, a ser promovido, você terá todo o apoio dele quando estiver ocupando o seu lugar.

E, seguindo os preceitos da Lei do Retorno, que diz: "tudo o que fizer, retornará para você", faça o bem e receberá o bem. Se fizer o mal, receberá o mal. A escolha é só sua.

Vamos colaborar, dar-nos as mãos, para todos crescermos.

"Aprendendo e treinando,
treinando e aprendendo.
Assim é que se fazem as coisas."
(Richard Bach)

Estratégias para nosso desenvolvimento

*"Aprender sem pensar é inútil;
pensar sem aprender é perigoso."*
(Confúcio)

Aprendi que leva anos para construir confiança e apenas segundos para destruí-la...

Aprendi que você pode fazer coisas em um instante, das quais se arrependerá pela vida inteira...

Aprendi que o que mais importa não é o que você tem na vida, mas quem você tem na vida...

Aprendi que não devemos nos comparar com os outros e, sim, com o melhor que podemos fazer...

Aprendi que as circunstâncias e o ambiente têm influência sobre nós, mas, nós somos responsáveis por nós mesmos...

Aprendi que devemos deixar sempre as pessoas que amamos com palavras amorosas. Pode ser a última vez que as vejamos...

Aprendi que bons amigos são a família que nos permitiram escolher...

Aprendi que não importa em quantos pedaços seu coração foi partido; o mundo não pára para que você o conserte...

Aprendi que há mais dos meus pais em mim do que eu supunha...

Aprendi que ou você controla seus atos ou eles o controlarão...

Aprendi que leva muito tempo para eu me tornar a pessoa que eu quero ser...

Aprendi que não importa onde já cheguei, mas, sim, para onde eu estou indo.

Aprendei que a vida é uma constante luta em que estamos sempre aprendendo, não importa o quanto já aprendemos, não importa quantos anos de idade temos, não importa quantos cursos fizemos, quantos anos de experiência já acumulamos: sempre teremos que aprender mais.

Faz parte da natureza do ser humano. Quando ele parar de se interessar em conhecer e aprender novas coisas, deixar de ter objetivos, estará sem vida.

Já dizia um filósofo da Antiguidade: "A única coisa que sei é que nada sei".

Ainda temos muito a aprender...

Mas já aprendemos que, para ser feliz, para alcançar o sucesso é preciso muita força de vontade, determinação, ética e, principalmente, amor em tudo o que se faz.

Se já aprendemos... vamos colocar em prática e viver felizes.

Oração do Círculo Mágico
"Estou envolvido no círculo mágico
do Amor de Deus. Todo exército de Deus
me protege. Por isso minha vida é
maravilhosa. Vós velais por mim, Senhor.
Eu estou imunizado pelo vosso espírito
vivo, todo-poderoso."

O poder da oração

"Senhor! Eu lhe agradeço pela bênção de poder viver mais este maravilhoso dia."

Qualquer pessoa que deseje alcançar seus objetivos precisa se sentir segura, confiante, com força. E nada é mais poderoso para nos deixar fortes e confiantes do que uma oração feita com fé, com convicção.

Se, ao levantarmos ou ao sair de casa mentalizarmos essa oração, no mínimo três vezes, sentir-nos-emos mais energizados, pois, se estamos protegidos pelo exército de Deus, não haverá empecilhos pela frente.

Alguém poderá dizer: — Eu fiz minhas orações, mas, ao sair de casa, bati o carro, a oração não valeu para mim. Mas, poderemos retrucar: — E se você pensasse assim: — Puxa, bati o carro, graças a Deus, nada me aconteceu, apenas algumas escoriações, enquanto que há tantos outros que ficam aleijados ou morrem. Só o carro ficou bastante danificado.

— Você estava protegido pelo exército todo-poderoso de Deus. Por isso não lhe aconteceu coisa pior.

É claro que seria melhor não bater o carro, mas, e se ficasse aleijado ou morto? Não seria pior?

Toda noite, ao deitar-se, faça suas orações de agradecimento por estar vivo, com saúde, ao lado dos seus entes queridos.

Faça o mesmo quando levantar-se, pedindo um dia proveitoso.

Afinal, não custa muito experimentar.

"A árvore, quando está sendo cortada, observa com tristeza que o cabo do machado é de madeira."
(Provérbio Árabe)

Educando ou deseducando os filhos?

"Como seria triste o mundo se não houvesse uma roseira a ser plantada, uma tarefa a realizar."
(Gabriela Mistral — poetisa chilena)

Este artigo é para os pais que julgam estar educando seus filhos para serem seus herdeiros, seus heróis, mas que, infelizmente, os estão deseducando e atrapalhando sua vida: filhos e herdeiros.

Como o dinheiro facilita tudo e, para muitos pais, dar dinheiro ao filho parece ser mais fácil do que orientá-lo, do que ter de conversar com ele, pensando que, dando o dinheiro, está facilitando tudo. Engano total.

O primeiro ministro inglês, Tony Blair, que tem um país para administrar, reconheceu outro dia que é mais fácil administrar o país do que os filhos.

Por essa razão, estamos colocando uma fábula que vimos num filme.

"Um homem encontrou um casulo de mariposa e levou-o, muito curioso, para casa, com o propósito de observar o extraordinário momento em que a mariposa sai do casulo. Um dia, percebeu que se formava um pequeno orifício numa das extremidades do casulo e sentou-se, durante várias horas, observando a luta da mariposa, tentando abrir mais o orifício para poder sair de sua prisão. Ela se esforçava ao máximo, mas, inutilmente. Em certo momento, parecia ter cansado. Parou de progredir em seu plano. Parecia ter desistido.

Tocado por um gesto de extrema piedade, o homem resolveu ajudá-la. Com um pequeno estilete, ampliou o buraco do casulo e facilitou a operação de saída do animalzinho.

Para surpresa dele, porém, a mariposa recém-nascida tinha o corpo inchado e umas asinhas muito pequenas e tortas. Ele continuou observando, na expectativa de que, a qualquer momento, as asas dela se desdobrassem, crescessem, e ela pudesse, enfim, começar a voar. Mas não foi isso o que aconteceu. A pequena mariposa só conseguia se arrastar em círculos, com as pequeninas asas dobradas... voar, nunca!

O que aquele pobre homem, em sua dedicação e bondade, não tinha conseguido entender é que as dificuldades geradas pela pequena abertura do casulo e a luta exigida da mariposa para nascer são a forma que a natureza usa para forçar o fluxo dos fluidos de seu corpo em direção às asas, a fim de que estas se tornem grandes e fortes e assim lhe permita voar.

Só se conquista a vida e a liberdade lutando. Privando a mariposa de sua luta, privou-a também de sua saúde."

O que precisamos da vida é exatamente lutar. Se a natureza nos proporcionasse o progresso sem esforços, far-nos-ia covardes e inválidos.

Quantas vezes procuramos seguir o caminho mais fácil para sair de nossas dificuldades! Quantas vezes pretendemos eliminar qualquer esforço, na pretensão de sermos livres...

É bom estarmos certos de que nunca recebemos mais do que podemos suportar e é por meio de esforços e quedas que nos fortalecemos, assim como o ouro, que só pode ser refinado no fogo.

E, quantas vezes, nós, como pais, tentamos facilitar a vida de nossos filhos, de nossos herdeiros, em vez de deixá-los vencer as dificuldades por si sós.

Soubemos, só para exemplificar, o que disse o filho de um bem-posicionado empresário a um gerente da empresa que tentou lhe dar um conselho porque dirigia em alta velocidade:

— Não se preocupe, eu já fui parado muitas vezes pelos guardas, por excesso de velocidade e por ter só dezessete anos. Mas mostro a ele uma notinha de cem reais e digo que, se ele me multar, meu pai vai falar com o ministro. E saio numa boa. Já bati mais de um carro, o seguro paga. Este meu BMW novo que ganhei no meu aniversário, no mês passado, ainda está inteirinho.

— Mas você não tem medo de sofrer um acidente?

— Eu não... comigo não acontece...

Que filho ou herdeiro um indivíduo como esse vai ser? Vai queimar em pouco tempo, se não for feito nada a respeito, a fortuna da família. É só se iludir e dar-lhe o poder.

É o pai querendo facilitar-lhe a vida pensando em criar um grande homem, mas, que só vai conseguir sobreviver enquanto sobrar dinheiro.

Enquanto isso os filhos e netos dos Ermírio de Moraes, Olavo Setúbal e outros estão, apesar da fortuna que possuem, estudando, aperfeiçoando-se, lutando, para levar a organização da família adiante e para a perpetuidade.

É duro criar um filho como o exemplo dado acima, mas, se não soubermos educá-lo adequadamente, mostrando-lhe os valores reais da moral, da conduta ética, da civilidade, de humildade e familiar (da família realmente unida), a vida para ele será lastimável, com sofrimento para toda a família.

É por isso que se diz que o filho do pobre sabe lutar e encontrar seu caminho e o filho do rico, que tem tudo nas mãos sem precisar se esforçar, esbanja e termina por perder a fortuna herdada.

Reflita bem sobre a educação que está dando para seus filhos.

Lembre-se de que a maior felicidade é plantarmos uma roseira e colhermos uma bela rosa (nossos filhos), mas, para isso, é preciso adubar a terra (a mente de nossos filhos com bons exemplos) e regá-la sempre (a vida de nossos filhos com conselhos e ponderações). E que bela e perfumada rosa colheremos (que belos e exemplares filhos teremos) que nos darão alegria e felicidade.

Filhos, reflitam bem sobre o caminho que vocês estão trilhando... o caminho do bem leva-os a um brilhante futuro, enquanto o do mal...

"Ao término do jogo
O Rei e o Peão
voltam para a mesma caixa."
(Provérbio italiano)

Voe mais alto

*"A vida é esta aventura emocionante,
porque o tempo e o espaço nos escapam,
porque nós não temos, nunca,
a menor idéia do que está por acontecer."*
(Lygia Fagundes Telles)

"Logo após a Segunda Guerra Mundial, um jovem piloto inglês experimentava o seu frágil avião monomotor numa arrojada aventura ao redor do mundo. Pouco depois de levantar vôo de um dos pequenos e improvisados aeródromos da Índia, ouviu um estranho ruído que vinha de trás do seu assento. Percebeu logo que havia um rato a bordo e que poderia, roendo a cobertura de lona, destruir o seu frágil avião.

Poderia voltar ao aeroporto para livrar-se de seu incômodo, perigoso e inesperado passageiro. Lembrou-se, contudo, de que os ratos não resistem a grandes alturas. Voando cada vez mais alto, pouco a pouco cessaram os ruídos que quase colocaram em perigo a sua viagem.

MORAL DA HISTÓRIA:
Se o ameaçarem destruir por inveja, calúnia ou maledicência,
VOE MAIS ALTO...
Se o criticarem,
VOE MAIS ALTO...
Se fizerem injustiças a você,
VOE MAIS ALTO
LEMBRE-SE SEMPRE DE QUE OS "RATOS" NÃO RESISTEM ÀS GRANDES ALTURAS...

Que hoje e sempre você tenha coragem de alçar vôo e voar sempre alto, muito alto, com a cabeça nas nuvens e os pés bem fincados no chão...

E também que, quando estiver voando, saiba olhar para baixo e ver como existem criaturas muito menores que você e o quanto você é grande e importante diante delas e que, nessa mesma proporção, você também olhe para cima e veja como é grandioso o céu que te acolhe e perceba o tamanho da sua pequenez diante do universo...

Enfim, que por mais alto que seja o seu vôo, Deus esteja sempre acima e, ao olhar para o alto, seu alvo seja Jesus!"

Eis uma lição de humildade que muitos precisariam conhecer. Só porque ocupam um lugar de destaque numa empresa, numa comunidade, na política julgam-se no direito de explorar, de humilhar os outros.

Todos nós temos oportunidades para crescermos na vida e devemos crescer, conseguir poder, um lugar de destaque, mas, o que não podemos fazer é justamente o que muitos, quando conseguem o poder, o lugar de destaque fazem: sentirem-se senhores dos outros.

Cresça, seja grande, mas seja justo, humilde, gente.

> "Poucos aceitam o fardo da própria vitória;
> a maioria desiste dos sonhos quando eles
> se tornam possíveis."
> (Paulo Coelho — *Diário de um mago*)

A força cresce com a luta

*"É melhor morrer em pé
do que viver de joelhos."*
(Dolores Ibarruri — la pasionária)

Vamos analisar esse trecho escrito pelo jornalista e estudioso do comportamento humano Napoleão Hill e sentir como é importante lutar para se conseguir o que se quer.

"A luta é um meio inteligente através do qual a Natureza obriga a humanidade a desenvolver-se, expandir-se e progredir. É uma experiência que pode ser penosa ou magnífica, dependendo da atitude de cada um. O sucesso é impossível — impensável, mesmo — sem luta.

A vida, do nascimento à morte, é literalmente uma cadeia ininterrupta de lutas cada vez maiores, inevitáveis. A educação que recebemos nas lutas que travamos é cumulativa — e a recebemos um pouco de cada vez, com cada experiência por que passamos.

'Faça', disse Emerson, 'e terá o poder'.

'Aceite a luta e vença-a', diz a Natureza, e terá força e sabedoria suficientes para todas as suas necessidades.

As árvores mais fortes da floresta não são as mais protegidas; são as que têm que lutar contra os elementos e contra outras árvores — e vencê-las — para sobreviver...

As árvores que enfrentam a Natureza são muito mais fortes e resistentes do que os carvalhos protegidos das profundezas da floresta...

A luta, da mesma maneira, enrijece o espírito humano. A maioria das pessoas tenta passar pela vida seguindo o caminho da menor resistência. Não consegue reconhecer que essa filosofia é o que desvia o curso dos rios e, às vezes, faz a mesma coisa com seres humanos. Sem a força de caráter que nasce da luta, seria grande a tentação para fluir pela vida sem muita finalidade ou planejamento.

Logo que compreendemos a grande finalidade da vida, tornamo-nos reconciliados com as circunstâncias que nos obrigam a lutar. Como resultado, aceitamos a luta pelo que ela é — uma oportunidade.

A luta obriga-nos a andar quando preferíamos ficar parados. Acaba nos levando à plena compreensão de que o sucesso só ocorre com luta.

Nada de valor na vida é conseguido sem ela. Se fosse fácil, todo mundo conseguiria tudo. Sempre que encontramos uma pessoa bem-sucedida, encontramos também alguém que lutou. A vida é uma luta, e os prêmios cabem aos que enfrentam de peito aberto a dificuldade, vencem-na, e passam ao desafio seguinte...

Correndo para a luta, em vez de fugir dela, você também pode usá-la para ajudá-lo a aprender, a crescer — e a ter sucesso."

Como afirma Hill, muita gente, principalmente os filhos vindo de famílias mais abastadas, ou os próprios pais que conseguiram vencer, acomodam-se na posição confortável em que estão e, com o passar do tempo, acabam por perder tudo que conquistaram ou que os pais conquistaram por se acomodarem, deixarem de lutar.

Se os filhos forem adequadamente educados, tendo que conquistar seu dinheiro, suas posições por mérito, não por serem "filhos do dono", aí, sim, eles se fortificarão e saberão vencer as dificuldades que possam aparecer em suas vidas. Enquanto aqueles que crescem sendo apenas "filhos do dono" aprenderão apenas a gastar, pois não conhecem o valor do ganhar o próprio dinheiro.

Veja como os filhos de famílias menos abastadas, alguns pobres, mesmo, que têm de lutar para ganhar a vida para crescerem, como vencem e se tornam fortes.

Nada cai do céu, tudo tem que ser conquistado.

"Tudo que é feito com paixão, com amor e determinação
nos leva realmente a atingir nossos objetivos.
A força do nosso subconsciente mostrar-nos-á o caminho ou
os caminhos que temos que seguir para atingir mais rapidamente
nossos sonhos, mas, é preciso que realmente haja uma forte paixão."

Os três conselhos

"Não sejas doce demais, os outros te comerão.
Não sejas amargo demais, eles te vomitarão."
(Provérbio árabe)

"Um casal de jovens recém-casados era muito pobre e vivia de favores num sítio do interior.

Um dia, o marido fez a seguinte proposta à esposa: — Querida, eu vou sair de casa, vou viajar para bem longe, arrumar um emprego e trabalhar até ter condições para voltar e dar-te uma vida mais digna e confortável. Não sei quanto tempo vou ficar longe, só peço uma coisa, que você me espere e, enquanto estiver fora, seja fiel a mim, pois eu serei fiel a você.

Assim, o jovem saiu. Andou muitos dias a pé, até que encontrou um fazendeiro que estava precisando de alguém para ajudá-lo em sua fazenda. O jovem chegou e ofereceu-se para trabalhar, no que foi aceito.

Pediu para fazer um pacto com o patrão, o que também foi aceito. O pacto seria o seguinte: — Deixe-me trabalhar pelo tempo que eu quiser e, quando eu achar que devo ir, o Senhor me dispensa das minhas obrigações.

Eu não quero receber o meu salário. Peço que o Senhor o coloque na poupança, até o dia em que eu for embora. No dia em que eu sair, o Senhor me dá o dinheiro e eu sigo o meu caminho.

Tudo combinado. Aquele jovem trabalhou durante vinte anos, sem férias e sem descanso. Depois de vinte anos, chegou para o patrão e disse: — Patrão, eu quero o meu dinheiro, pois estou voltando para a minha casa.

O patrão então lhe respondeu: — Tudo bem, afinal, fizemos um pacto e vou cumpri-lo, só que antes, quero lhe fazer uma proposta, tudo bem?

— Eu lhe dou todo o seu dinheiro e você vai embora, ou eu lhe dou três conselhos e não lhe dou o dinheiro e você vai embora. Se eu lhe der o dinheiro, eu não lhe dou os conselhos e, se eu lhe der os conselhos, eu não lhe dou o dinheiro.

— Vá para o seu quarto, pense e depois me dê a resposta.

Ele pensou durante dois dias, procurou o patrão e disse-lhe: — Quero os três conselhos.

O patrão novamente frisou: — Se lhe der os conselhos, não lhe dou o dinheiro.

E o empregado respondeu: — Quero os conselhos.

O patrão então lhe falou:

1) Nunca tome atalhos em sua vida, caminhos mais curtos e desconhecidos podem custar a sua vida;

2) Nunca seja curioso para aquilo que é mal, pois a curiosidade para o mal pode ser mortal;

3) Nunca tome decisões em momentos de ódio ou de dor, pois você pode se arrepender e ser tarde demais.

Após dar os conselhos, o patrão disse ao rapaz, que já não era tão jovem assim: — Aqui você tem três pães, dois para você comer durante a viagem e o terceiro é para comer com sua esposa quando chegar à sua casa. O homem, então, seguiu seu caminho de volta, depois de vinte anos longe de casa e da esposa que ele tanto amava. Após o primeiro dia de viagem, encontrou um andarilho que o cumprimentou e lhe perguntou: — Para onde você vai?

Ele respondeu: — Vou para um lugar muito distante que fica a mais de vinte dias de caminhada por esta estrada. O andarilho disse-lhe, então: — Rapaz, este caminho é muito longo, eu conheço um atalho que "é dez" e você chega em poucos dias. O rapaz contente, começou a seguir pelo atalho, quando se lembrou do primeiro conselho; então, voltou e seguiu o caminho normal. Dias depois, soube que o atalho levava a uma emboscada.

Depois de alguns dias de viagem, cansado ao extremo, achou uma pensão à beira da estrada, onde pôde hospedar-se. Pagou a diária e, após tomar um banho, deitou-se para dormir. De madrugada, acordou assustado com um grito estarrecedor. Levantou-se de um salto só e dirigiu-se à porta para ir até o local do grito. Quando estava abrindo a porta, lembrou-se do segundo conselho.

Voltou, deitou-se e dormiu. Ao amanhecer, após tomar o café, o dono da hospedagem lhe perguntou se ele não havia ouvido um grito e ele disse que tinha ouvido. O hospedeiro disse: E você não ficou curioso? ele disse que não. No que o hospedeiro respondeu: — Você é o primeiro hóspede a sair vivo daqui, pois meu filho tem crises de loucura; grita durante a noite e quando o hospede sai, mata-o e enterra-o no quintal. O rapaz prosseguiu na sua longa jornada, ansioso por chegar à sua casa. Depois de muitos dias e noites de caminhada... Já, ao entardecer, viu entre as árvores a fumaça de sua casinha, andou e logo viu entre os arbustos a silhueta de sua esposa. Estava anoitecendo, mas ele pôde ver que ela não estava só. Andou mais um pouco e viu que ela tinha entre as pernas um homem a quem estava acariciando os cabelos.

Quando viu aquela cena, seu coração se encheu de ódio e amargura e decidiu-se a correr de encontro aos dois e a matá-los sem piedade.

Respirou fundo, apressou os passos, quando se lembrou do terceiro conselho. Então parou, refletiu e decidiu dormir aquela noite ali mesmo e no dia seguinte tomar uma decisão.

Ao amanhecer, já com a cabeça fria ele disse: — Não vou matar minha esposa e nem o seu amante. Vou voltar para o meu patrão e pedir que ele me aceite de volta. Só que antes, quero dizer a minha esposa que eu sempre fui fiel a ela. Dirigiu-se à porta da casa e bateu. Quando a esposa abre a porta e o reconhece, se atira ao seu pescoço e o abraça afetuosamente. Ele tenta afastá-la, mas não consegue. Então, com lágrimas nos olhos, ele lhe diz: — Eu fui fiel a você e você me traiu...

    Ela espantada lhe responde: — Como? Eu nunca te traí, esperei durante esses vinte anos!

    Ele então lhe perguntou: — E aquele homem que você estava acariciando ontem ao entardecer?

    E ela lhe disse: — Aquele homem é nosso filho. Quando você foi embora, descobri que estava grávida. Hoje ele está com vinte anos de idade.

    Então o marido entrou, conheceu, abraçou seu filho e contou-lhes toda a sua história, enquanto a esposa preparava o café. Sentaram-se para tomá-lo e comerem juntos o último pão. Após a oração de agradecimento, com lágrimas de emoção, ele parte o pão e, ao abri-lo, encontra todo o seu dinheiro, o pagamento por seus vinte anos de dedicação e trabalho."

    Muitas vezes achamos que o atalho "queima etapas" e nos faz chegar mais rápido, o que nem sempre é verdade...

    Muitas vezes somos curiosos, queremos saber de coisas que nem ao menos nos dizem respeito e que nada de bom nos acrescentarão...

    Outras vezes, agimos por impulso, na hora da raiva, e fatalmente nos arrependemos depois...

    Espero que você, assim como eu, não se esqueça desses três conselhos e não se esqueça, também, de CONFIAR, mesmo que a vida muitas vezes já tenha lhe dado motivos para a desconfiança.

    "És precária e veloz, felicidade."

"Custas a vir e, quando vens, não te demoras.
Foste tu que ensinaste aos homens que havia tempo e,
para te medir, se inventaram as horas."
(Cecília Meireles)

A pureza das crianças

*"Se os pais soubessem quanta felicidade
traz a sabedoria, não deixariam outro
legado para os filhos."*
(Benedito Cardoso)

Cartas reais enviadas para Deus escritas por crianças, postadas numa escola dominical norte-americana e traduzidas do original em inglês:

Querido Deus,
Eu não pensava que laranja combinava com roxo até que eu vi o pôr-do-sol que Você fez terça-feira. Foi demais!
Eugene

Querido Deus,
Você queria mesmo que a girafa se parecesse assim ou foi um acidente?
Norma

Querido Deus,
Em vez de deixar as pessoas morrerem e ter que fazer outras novas, porque Você não mantém aquelas que você tem agora?
Jane

Querido Deus,
Quem desenha as linhas em volta dos países?
Nancy

Querido Deus,
Eu fui a um casamento e eles se beijaram dentro da igreja. Tem algum problema com isso?
Neil

Querido Deus,
Obrigado pelo meu irmãozinho, mas eu orei por um cachorrinho.
Joyce

Querido Deus,
Choveu o tempo todo durante as nossas férias e como meu pai ficou zangado! Ele disse algumas coisas sobre Você que as pessoas não deveriam dizer, mas eu espero que você não vá machucá-lo.
Seu amigo (mas eu não vou dizer quem eu sou).

Querido Deus,
Por favor, mande-me um pônei. Eu nunca te pedi nada antes, Você pode checar.
Bruce

Querido Deus,
Eu quero ser igualzinho ao meu pai quando eu crescer, mas não com tanto cabelo no meu corpo.
Sam

Querido Deus,
Eu penso em Você de vez em quando, mesmo quando não estou orando.
Elliott

Querido Deus,
Eu aposto que é muito difícil para Você amar a todas as pessoas no mundo. Na nossa família tem só quatro pessoas e eu nunca consigo...
Nan

Querido Deus,
De todas as pessoas que trabalharam para Você, eu gosto mais de Noel e Davi.
Rob

Querido Deus,
Se Você olhar para mim na igreja domingo, eu vou te mostrar meus sapatos novos.
Mickey

Querido Deus,
Nós lemos que Thomas Edison fez a luz. Mas na escola dominical nós aprendemos que foi Você. Eu acho mesmo que ele roubou Sua idéia. Sinceramente,
Donna

Querido Deus,
Eu não acho que alguém poderia ser um Deus melhor que Você. Bem, eu só quero que saiba que não estou dizendo isso porque Você já é Deus.
Charles

Querido Deus,
Talvez Caim e Abel não matassem tanto um ao outro se eles tivessem seu próprio quarto. Isso funciona com meu irmão.
Winston

Além de nos divertir lendo o que as crianças pediram a Deus, podemos sentir a pureza dos sentimentos que só podem emanar da cabeça de uma criança inocente.

Deixe sua criança interior se manifestar também, de vez em quando, pelo menos.

E tenha alegria e pureza no viver.

"Não procures saber quem disse,
mas, sim, o que foi dito...
Busque-se antes, a utilidade
da mensagem, que a sutileza da linguagem."
(Imitação de Cristo)

Mensagem positiva

*"Na quietude e na
confiança estará nossa força."*
(Isaías, 30:15)

"A mensagem positiva logo de manhã é um estímulo que pode mudar o seu humor, fortalecendo sua autoconfiança.

Com este pensamento positivo, você reunirá forças para vencer os obstáculos.

Não deixe, portanto, que nada afete seu espírito.

Envolva-se pela música, ouça, cante e comece a sorrir mais cedo.

Em vez de reclamar quando o relógio despertar, agradeça a Deus pela oportunidade de acordar mais um dia.

O bom humor é contagiante, espalhe-o, fale de coisas boas, de saúde de sonhos, de amor.

Não se lamente!

Ajude as outras pessoas a perceberem o que há de bom dentro de si.

Não viva emoções mornas ou vazias.

Cultive seu interior.

Extraia o máximo de pequenas coisas.

Seja transparente e deixe que as pessoas saibam que você as estima e precisa delas.

Repense os valores e dê-se a chance de crescer e ser mais feliz.

Tudo que merece ser feito, merece ser bem-feito.

Torne suas obrigações atraentes, tenha garra e determinação.

Mude, opine, ame o que faz.

Não trabalhe só por dinheiro e, sim, pela satisfação da missão cumprida.

Lembre-se de que nem todos têm a mesma oportunidade.

Pense no melhor, trabalhe pelo melhor, espere o melhor.

Transforme seus movimentos em oportunidades.

Veja o lado positivo das coisas e assim tornará seu otimismo uma realidade.

Não inveje. Admire!

Sinta entusiasmo com o sucesso alheio, como seria com o seu próprio.

Idealize um modelo de competência e faça sua auto-avaliação para saber o que lhe está faltando para chegar lá.

Ocupe seu tempo crescendo, desenvolvendo suas habilidades e seu talento.

Só assim não terá tempo de criticar os outros.

Não acumule fracassos e, sim, experiências.

Tire proveito dos seus problemas e não se deixe abater por eles.
Tenha fé e energia, acredite!
Você pode tudo que quiser.
Perdoe!
Seja grande para os aborrecimentos, pobre para a raiva, forte para vencer o medo e FELIZ para permitir momentos felizes.
Não viva só para o trabalho.
Tenha outras atividades paralelas como esportes, leituras, cultivar amigos.
O trabalho é uma das contribuições que damos à vida, mas não se deve jogar nele todas as nossas expectativas de realizações.
Finalmente, ria das coisas à sua volta, de seus problemas, de seus erros, ria da vida.
E... ame. Antes de tudo, a você mesmo!
Sorria! Pois começamos a ser felizes quando somos capazes de rir de nós mesmos!"
Se você não acredita nessas palavras que acabou de ler, faça ao menos uma experiência seguindo-as por uma semana. Se não der resultado, desista. Mas, experimente.
Coragem...

"Quando o ato de reflexão tem
lugar na mente, quando nos olhamos
à luz dos pensamentos,
descobrimos que a vida está
envolta pela beleza."
(Ralph W. Emerson)

A confiança

*"As portas da oportunidade são amplas.
Não digas que não pudestes entrar por
elas, se nada fizestes para isso."*
(O. S. Marden)

Quantas vezes já vivemos o dilema de ter que acreditar em alguém, mas não acreditamos? Deixamos de fazer negócios que poderiam ser vantajosos, deixamos de nos relacionar com pessoas que poderiam ser interessantes, deixamos de nos comunicar apenas porque não confiamos nas pessoas e, com essa atitude, perdemos oportunidades que poderiam nos ser úteis, de alguma forma.

Está certo que vivemos uma fase que em quem confiar torna-se difícil, mas, daí a não se confiar em mais ninguém há uma distância muito grande.

Quanto mais as pessoas participam de diferentes grupos, mais elas têm a oportunidade de conviver com outras pessoas, criar laços de afeição, de amizade, empreender negócios em conjunto ou trocar informações e opiniões. Isso é crucial porque vai constituindo uma autêntica sociedade civil.

Participar de um clube que tem por finalidade, além dos programas comunitários, além do servir, o de criar um relacionamento entre os profissionais de várias áreas para que haja entrosamento, confiança mútua e todos possam usufruir satisfatoriamente é muito gratificante.

O clima de companheirismo cria esse entrosamento e confiança envolvendo positivamente também a vida familiar sem necessidade de termos, para solucionar o caso de Humes, o aval de um terceiro que conhecesse bem a ambos.

Supõe-se que, por exemplo, os rotarianos, os leoninos, os maçônicos conheçam-se em suas reuniões e se respeitem. Parabéns a esses e a outros clubes por proporcionar esse maravilhoso clima de companheirismo. Mais uma razão para participarmos ativamente dessas entidades que tenham o fim do companheirismo e da confiança mútua.

*"Aquele que ouve ecos de vozes proféticas ao ler mensagens
dos grandes pensadores... tem um nobre espírito.
Pode alimentar o desejo de criar coisas tão grandes
como as que sabe admirar."*
(José Ingenieros)

Flores raras

*"Deus, que é amor, te criou, não como
uma estátua Sua; e, sim, como imagem:
alguém que tem de ir se assemelhando a Ele."
(Gibran Kalil)*

"Conta-se que havia uma jovem que tinha tudo, um marido maravilhoso, filhos perfeitos, um emprego que lhe rendia um bom salário e uma família unida. O problema é que ela não conseguia conciliar tudo.

O trabalho e os afazeres ocupavam-lhe quase todo o tempo e ela estava sempre em débito em alguma área.

Se o trabalho lhe consumia tempo demais, ela tirava dos filhos; se surgiam imprevistos, ela deixava de lado o marido... E assim, as pessoas que ela amava eram deixadas para depois até que um dia, seu pai, um homem muito sábio, deu-lhe um presente: uma flor muito rara, da qual só havia um exemplar em todo o mundo.

O pai entregou-lhe o vaso com a flor e disse-lhe: filha, esta flor vai lhe ajudar muito mais do que você imagina! Você terá apenas que regá-la e podá-la de vez em quando e, às vezes, conversar um pouquinho com ela. Se assim fizer, ela enfeitará sua casa e lhe dará em troca esse perfume maravilhoso.

A jovem ficou muito emocionada, afinal a flor era de uma beleza sem igual. Mas, o tempo foi passando, os problemas surgiam, o trabalho consumia todo o seu tempo, e a sua vida, que continuava confusa, não lhe permitia cuidar da flor. Ela chegava em casa e as flores ainda estavam lá, não mostravam sinal de fraqueza ou morte, apenas estavam lá, lindas, perfumadas. Então ela passava direto.

Até que um dia, sem mais nem menos, a flor morreu. Ela chegou em casa e levou um susto! A planta, antes exuberante, estava completamente morta, suas raízes estavam ressecadas, suas flores murchas e as folhas amareladas.

A jovem chorou muito e contou ao pai o que havia acontecido. Seu pai então respondeu: — Eu já imaginava que isso aconteceria e, infelizmente, não posso lhe dar outra flor, porque não existe outra igual a essa. Ela era única, assim como são seus filhos, seu marido e sua família. Todos são bênçãos que o Senhor lhe deu, mas você tem que aprender a regá-los, podá-los e dar atenção a eles, pois, assim como a flor, os sentimentos também morrem.

Você se acostumou a ver a flor sempre lá, sempre viçosa, sempre perfumada, e se esqueceu de cuidar dela. Por fim, o pai amoroso e sábio concluiu:

— Filha! Cuide das pessoas que você ama!"

Não é assim que vivemos nossa vida? Damos prioridades aos valores materiais sem observar o que acontece, com essa atitude, às pessoas que estão à nossa volta.

É claro que devemos, muitas vezes, dar prioridade, por exemplo, à nossa atividade profissional para nos mantermos saudáveis economicamente, mas não podemos deixar de lado os outros papéis que desempenhamos na vida, como: o papel de filho(a), de esposo(a), de pai ou de mãe, de participante da vida comunitária, etc.

Cada um desses papéis tem sua importância e todos devem ser prioritários, não deixados para trás.

Aquele que diz que quando tiver tempo, quando se aposentar, quando... quando... quando se der conta, não terá mais tempo para nada e, na maioria das vezes, estará sozinho.

Se os valores materiais têm seu valor, os valores espirituais possuem muito mais. A combinação saudável dos dois é que nos dará a paz e a felicidade.

> "Só porque alguém não demonstra
> que te ama como você desejaria,
> não significa que este alguém não te
> ame com todo o seu ser.
> Se for um verdadeiro amigo, é quem
> lhe tomará a mão e lhe tocará o coração."

Aprendendo a sentir

"A amizade é uma planta que sempre deve resistir aos períodos de seca."

Durante uma conversa entre amigos, fizeram-me uma pergunta: O que de mais importante você já fez na sua vida?

A resposta me veio a mente na hora, mas pensei um pouco e respondi outra coisa, pois as circunstâncias não eram apropriadas. No papel de escritor, sabia que os assistentes queriam escutar alguma coisa extraordinária acontecida em meu trabalho com pesquisas.

Mas, a verdadeira, que não teria efeito no momento, mas que passou pela minha memória, e que julgo o mais importante que já se passou na minha vida, ocorreu já faz algum tempo.

Comecei a noite jogando tênis com um amigo, o Fábio, que havia trabalhado comigo e que há muito tempo não nos víamos.

Entre uma raquetada e outra, conversávamos a respeito do que aconteceu na vida de cada um.

Ele me contou que sua esposa havia terminado de ganhar naquele mês um lindo garoto e estavam felizes por isso.

Enquanto jogávamos, chegou o progenitor do Fábio que, aflito, diz-lhe que seu bebê teve um problema e que havia sido levado às pressas para o hospital. No mesmo instante, meu amigo deixou de jogar, despediu-se, subiu no carro de seu pai e se foi para o hospital.

Foi um choque para mim, que fiquei estático sem saber o que fazer, naquele instante, mas logo tratei de pensar no que deveria fazer: seguir meu amigo ao hospital?

Minha presença, disse a mim mesmo, não serviria de nada, pois a criança certamente estaria sob cuidados de médicos, de enfermeiras, e nada havia que eu pudesse fazer para mudar a situação.

Oferecer meu apoio moral? Talvez, mas tanto ele quanto sua esposa vinham de famílias numerosas e, sem dúvida, estariam rodeados de amigos e de familiares que lhes ofereceriam apoio e conforto necessários acontecesse o que acontecesse.

A única coisa que eu faria, se fosse lá, seria atrapalhar. Pensei um pouco e decidi que mais tarde passaria no hospital para dar conforto ao meu amigo. Quando dei a partida no meu carro, percebi que o Fábio havia deixado o seu carro aberto, com as chaves na ignição, estacionado junto das quadras de tênis. Decidi, então, fechá-lo e ir até o hospital entregar-lhe as chaves.

Como havia imaginado, a sala de espera estava repleta de familiares que os consolavam. Entrei sem fazer ruído e fiquei junto da porta pensando no que deveria fazer.

Não demorou muito e surgiu um médico que aproximou-se do casal e, em voz baixa, comunica o falecimento do bebê. O casal se abraçou e durante os instantes que ficaram abraçados — a mim pareceu uma eternidade — choravam enquanto todos os demais ficaram ao redor naquele silêncio de dor.

O médico lhes perguntou se desejariam ficar alguns instantes com a criança.

Meus amigos se encaminharam resignadamente até a porta.

Ao ver-me ali, aquela mãe me abraçou e começou a chorar. Também meu amigo Fábio se refugiou em meus braços e me disse:

— Muito obrigado por estar aqui nesta hora.

Durante o resto da noite fiquei sentado na sala de emergências do hospital, vendo meu amigo e sua esposa segurar nos braços seu bebê, despedindo-se dele.

Isso foi o mais importante que já fiz na minha vida.

Aquela experiência me deixou três lições:

Primeira: o mais importante que fiz na vida ocorreu quando não havia absolutamente nada, nada que eu pudesse fazer. Nada daquilo que aprendi na universidade, nem nos anos em que exerci a minha profissão, nem todo o racional que utilizei para analisar a situação e decidir o que eu deveria fazer serviu-me para aquela circunstância: duas pessoas amigas receberam uma desgraça e eu nada poderia fazer. A única coisa que poderia fazer era esperar e acompanhá-los. Isto era o principal.

Segunda: estou convencido de que o mais importante que já fiz na minha vida esteve a ponto de não ocorrer, em razão de coisas que aprendi na escola até no MBA, nos conceitos do racional que aplicava na minha vida pessoal, assim como faço na profissional. Ao aprender a pensar, quase me esqueci de sentir.

Hoje, não tenho dúvida alguma que devia ter subido naquele carro sem vacilar e acompanhar meu amigo ao hospital.

Terceira: Aprendi que a vida pode mudar em um instante.

Intelectualmente, todos nós sabemos disso, mas, acreditamos que os infortúnios acontecem com os outros. Assim, fazemos nossos planos e imaginamos nosso futuro como algo tão real como se não houvesse espaços para outras ocorrências.

Mas, ao acordarmos de manhã, esquecemos que perder o emprego, sofrer uma doença ou cruzar com um motorista embriagado e outras mil coisas pode alterar este futuro em um piscar de olhos.

Para alguns, é necessário viver uma tragédia para recolocar as coisas em novas perspectivas. Desde aquele dia, busquei um equilíbrio entre o trabalho e a minha vida. Entre o racional e o sentir.

Aprendi que nenhum emprego, por mais gratificante que seja, compensa perder umas férias, romper um casamento ou passar um dia festivo longe da família.

E aprendi que o mais importante da vida não é ganhar dinheiro, nem ascender socialmente, nem receber honrarias.

"O mais importante da vida é ter tempo para cultivar uma boa amizade."

"A ciência faz a análise...
e assim nos proporciona o conhecimento.
Mas só a filosofia pode fazer a síntese...
e assim nos oferecer a sabedoria."
(Will Durant)

Mensagem de esperança

"Quando desejar alcançar algum objetivo, concentre-se plenamente nele. Ninguém conseguirá atingir um objetivo se não conseguir distingui-lo."

Nunca diga que algo é impossível. As coisas são, no máximo, improváveis, mas nunca são impossíveis.

Nunca desista antes de tentar e, se você se arrepender de algo, não se arrependa do que você fez e, sim, do que você deixou de fazer.

Porque tentar e errar é, ao menos, aprender, enquanto que nem mesmo tentar é desperdício. Não desperdice nenhuma chance da sua vida, afinal a sorte não bate todo dia à sua porta.

Tenha discernimento para saber o que é certo e o que é errado, tenha sua própria cabeça. Não se deixe influenciar, mas saiba ouvir sempre a opinião dos outros e admitir seus erros.

Seja humilde e sempre fiel a Deus. Você é um de seus soldados e está aqui em busca da felicidade. Da sua e da dos outros.

Procure-a. Ela está dentro de você e você com certeza a merece. Corra atrás de seus sonhos. Porque sem eles não chegamos a lugar nenhum.

Não se conforme, vá atrás do que você quer: lute.

A vida é bela e as esperanças nunca devem acabar. Assim como também não deve acabar o amor que existe dentro de nós. Saiba sobreviver às tristezas. Saiba se erguer após cada queda. E saiba amar sem medo, pois o medo não nos traz nada, apenas leva...

Saiba se entregar por inteiro. Abaixar todos os escudos quando vale a pena e dizer: "eu me rendo!" Ame de corpo e alma. Mesmo que depois esse amor acabe. Aproveite cada momento. Cada segundo do seu viver, pois, é como dizem... no fim, o que conta, não são os anos de sua vida. E sim, a vida em seus anos.

Então, espero sempre que seus anos sejam cheios de vida. Não deixe morrer esse anjo que há dentro de você. Esse anjo chamado AMOR, esse anjo que dá toda a luz necessária para a nossa vida. Deixe ele livre para reinar em seu coração, pois, só assim seu espírito continuará livre do mal e, se você tiver a sua alma protegida por esse anjo, nada de ruim vai lhe tocar. Você estará sempre ao lado de Deus.

Não tenha ódio por ninguém, mesmo que desejem o pior para você se você tiver ódio, seu escudo cai e, aí sim, poderão lhe atingir. Tenha apenas pena dessas pessoas, elas já mataram o anjo que existia em seus interiores e se esqueceram que somos todos iguais, Filhos de Deus, e que só merecemos respeito, carinho, amor e felicidade.

>"Estás cercado de ti,
>por todos os lados.
>Para te livrares de ti mesmo,
>lança uma ponte
>por cima do abismo de solidão
>que o teu egoísmo criou.
>Trata de ver além de ti.
>Busca ouvir alguém
>e, sobretudo,
>tenta o esforço de amar
>ao invés de simplesmente te amar..."
>(D. Hélder Câmara)

Ser feliz

"Só se colhe o que se planta.
Vamos plantar amor, bondade, pensamentos
positivos e colher nossa felicidade."

"Se tudo na vida é relativo,
Relativa também é a idéia que cada um faz da felicidade.

Para uns, felicidade é dinheiro no bolso, cerveja na geladeira, roupa nova no armário.

Para outros, a felicidade representa o sucesso, a carreira brilhante, o simples fato de se achar importante (ainda que na verdade as coisas não sejam bem assim).

Para outros tantos, ser feliz é conhecer o mundo, ter um conhecimento profundo das coisas da Terra e do Ar.

Mas, para mim, ser feliz é diferente. Ser feliz é ser gente.

É ter vida que, como dizia o poeta:

'É bonita, é bonita, é bonita...'

Felicidade é a família reunida, é viver sem chegada, sem partida, é sonhar, é chorar, é sorrir...

Felicidade é viver cercado de amor, é plantar amizade,

É o calor do abraço daquele amigo que, mesmo distante, lembrou de dizer: 'Alô'.

Ser feliz é acordar às cinco da matina, depois de ter ido dormir às três da madrugada, com sono e pra lá de cansado, só pra dar uma pontinha da cama para o filho dormir.

Ser feliz é ter violetas na janela, é chá de maçã com canela, é pipoca na panela, é um CD bem méla-méla, para esquentar o coração.

Ser feliz é curtir sol radiante, o frio aconchegante, chuvinha ou temporal.

Ser feliz é enxergar o outro (e sabe lá quantos outros que cruzam nossa estrada).

Ser feliz é fazer da vida uma grande aventura, a maior loucura, um enorme prazer.

Ser feliz é ser amigo, mas... antes de tudo, é ter amigos.

A Bíblia diz:

Em todo o tempo ama o amigo e para a hora da angústia nasce o irmão. (Provérbios, 17:17)

Que belo poema nos traz Leandro Dias Sanches sobre a amizade, a felicidade; pena que poucos possuam essa visão e se entreguem a ela. A vida possui várias nuances e a maioria se entrega às negativas em vez das positivas.

> "Quando perguntaram ao abade Antônio se o caminho
> do sacrifício levava ao céu, este respondeu:
> Existem dois caminhos de sacrifício.
> O primeiro é o do homem que mortifica a carne,
> faz penitência, porque acha que estamos condenados.
> Este homem sente-se culpado e
> julga-se indigno de ser feliz. Neste caso, ele
> não chega a lugar nenhum, porque
> Deus não habita a culpa.
> O segundo é o do homem que, embora sabendo
> que o mundo não é perfeito como todos queríamos que fosse,
> reza, faz penitência, oferece seu tempo e seu trabalho
> para melhorar o ambiente ao seu redor.
> Neste caso, a Presença Divina ajuda-o
> o tempo todo, e ele
> consegue resultados no céu."
> (Paulo Coelho —
> *Contos do Alquimista*)

Arriscar

*"O homem só se tornará livre,
de fato, quando puder escolher
o enredo de sua história."*
(João Mellão Neto)

"Numa terra em guerra, havia um rei que causava espanto.

Cada vez que fazia prisioneiros, não os matava no campo, levava-os a uma sala que tinha um grupo de arqueiros em um canto e uma imensa porta de ferro do outro, na qual havia gravadas figuras de caveiras cobertas por sangue.

Nesta sala, ele os fazia ficar em círculo e, então, dizia: — Vocês podem escolher morrer flechados por meus arqueiros ou passarem por aquela porta e, por mim, lá serem trancados.

Todos os que por ali passavam escolhiam serem mortos pelos arqueiros.

Ao término da guerra, um soldado que, por muito tempo servira ao rei, pergunta-lhe: — Posso lhe fazer uma pergunta?

— Diga, soldado.

— O que havia por trás da assustadora porta?

— Vá e veja com seus próprios olhos.

O soldado então abre-a, vagarosamente, e percebe que à medida que o faz, raios de sol vão adentrando e clareando o ambiente, até que, totalmente aberta, nota que a porta levava a um caminho que sairia rumo à liberdade.

O soldado admirado apenas olha seu rei que diz:

— Eu dava a eles a escolha, mas preferiam morrer a arriscar abrir essa porta."

E quantas portas deixamos de abrir pelo simples medo de arriscar?

Quantas vezes perdemos a liberdade e morremos por dentro apenas por sentirmos medo de abrir a porta de nossos sonhos?

Muitos se desculpam por ainda serem jovens e outros por já serem velhos e, por isso, não devem arriscar. Para nossos sonhos se realizarem, não há idade, há apenas vontade de vencer o medo de arriscar.

O medo é um dos maiores empecilhos para o ser humano alcançar seus objetivos, alcançar seus sonhos, pois, do que vale a vida se não realizarmos nossos sonhos?

Vá... realize seus sonhos... pode dar trabalho... vai exigir vontade e determinação de sua parte... mas... pode ter certeza... vale a pena realizá-los.

"Deus deixou várias coisas para terminar, de modo que o
ser humano possa exercer suas habilidades.
Deixou a eletricidade na nuvem e o óleo no fundo da terra.
Criou os rios sem pontes, as florestas sem estradas,
os campos sem casas.
Deixou as pinturas do lado de fora dos quadros, os sentimentos
para serem descritos, as montanhas para serem conquistadas,
os problemas para serem resolvidos.
Deus deixou várias coisas para terminar, de modo que o
ser humano possa compartilhar a alegria da criação."

É preciso saber viver

"Nunca diga a Deus que você
tem um grande problema.
E, sim, diga ao problema que
você tem um grande Deus!"

Esperamos demais para fazer o que precisa ser feito, num mundo que só nos dá um dia de cada vez, sem nenhuma garantia do amanhã. Enquanto lamentamos que a vida é curta, agimos como se tivéssemos à nossa disposição um estoque inesgotável de tempo.

Esperamos demais para dizer as palavras de perdão que devem ser ditas, para pôr de lado rancores que devem ser expulsos, para expressar gratidão, para dar ânimo, para oferecer consolo.

Esperamos demais para sermos generosos, deixando que a demora diminua a alegria de dar espontaneamente.

Esperamos demais para sermos pai dos nossos filhos pequenos, esquecendo quão curto é o tempo em que eles são pequenos, quão depressa a vida os faz crescer e ir embora.

Esperamos demais para dar carinho aos nossos pais, irmãos e amigos. Quem sabe quão logo será tarde demais?

Esperamos demais para enunciar as preces que estão esperando para atravessar nossos lábios, para executar as tarefas que estão esperando para serem cumpridas, para demonstrar o amor que talvez não seja mais necessário amanhã.

Esperamos demais nos bastidores, quando a vida tem um papel para desempenharmos no palco.

DEUS também está agora esperando — esperando pararmos de esperar. Esperando começarmos a fazer agora tudo aquilo para o qual este dia e esta vida nos foram dados.

"Um jovem observava a linda
paisagem de cima da montanha
quando escorregou e caiu segurando-se
logo abaixo, em um galho de árvore.
Um andarilho que por ali passava, depois de
grande esforço, conseguiu salvá-lo.
— Muito obrigado por salvar minha vida — disse o jovem.
— De nada — disse o andarilho —, mas procure vivê-la
como algo que valeu o esforço de salvá-la."

O estresse e suas conseqüências

*"O que é atraente e belo
nem sempre é bom,
mas, o que é bom é sempre belo."*

A vida moderna, com a grande velocidade das mudanças que não nos dão tempo de nos adaptarmos a elas, aliada à vida sedentária da maioria das pessoas causam-nos estresse e uma pessoa com estresse produz menos e fica doente.

Vamos ficar conhecendo alguns dos principais fatores que causam o estresse e como fazer para eliminá-los ou evitá-los. E sabemos que, como evitar ou eliminar só dependem de nossa vontade, de nosso querer, utilizando algumas técnicas para se evitar ou eliminá-lo. Não adiantará nada tomarmos conhecimento de algumas técnicas e não utilizá-las. É preciso que nos adaptemos a elas adotando aquela com a qual mais nos identificamos e colocá-las em prática.

Vamos dar, em rápidas palavras, como funciona nossa mente.

Nossa mente tem influência sobre nosso corpo do mesmo modo como é influenciada por ele. Cada um dos nossos pensamentos é o produto e o produtor das alterações químicas e elétricas em nosso organismo. Se nossa mente está com pensamentos negativos, nosso corpo sofre (as úlceras são causadas por eles); se nosso corpo está doente, nossa mente não funciona adequadamente, passa a funcionar negativamente, piorando a doença.

Nós controlamos o hipotálamo (pequeno órgão que se encontra no cérebro) com nossos pensamentos e emoções. Quando nossos pensamentos conscientes ou inconscientes são positivos e saudáveis, existe uma corrente completa de energia que percorre todo o nosso corpo, causando alegria, bem-estar e saúde.

Todavia, quando nossos pensamentos conscientes ou inconscientes são negativos ou quando reagimos mal às situações de tensão, ocorre um bloqueio no nosso sistema de defesa, com excesso de produção hormonal, que enfraquece, com sua constância, todo o organismo. Não é o estresse, em si, o responsável pelas doenças. Ele reduz a resistência do organismo e favorece o aparecimento de doenças para as quais se tem alguma tendência genética.

Há alternativas para eliminar-se ou evitar o estresse e ter uma vida saudável. Todavia, não devemos esquecer que, se o estresse já estiver num estágio avançado, é preciso procurar um médico, ou melhor, um psicoterapeuta que indicará a receita adequada para cada caso.

Para evitar-se o estresse:

É preciso eliminar os fatores que causam o estresse, como: ambiente tenso na família, no trabalho, discutindo francamente as causas.

O medo: enfrentando as situações ou os problemas que nos causam o medo. Se tiver medo do escuro, enfrente-o, fique no quarto com as luzes apagadas.

Se estiver despreparado para participar de um evento, prepare-se.

Evite sempre os pensamentos negativos.

Procure não comprometer seu tempo. A falta de tempo, por haver muitos compromissos, causa estresse.

Existem muitos outros fatores que nos causam estresse, como a competição exagerada, a ganância, a desconfiança, o cartão de crédito mal utilizado, os ciúmes, etc.

Eliminados esses problemas, pratique uma das técnicas abaixo para viver mais satisfeito e feliz.

A meditação transcendental

Coloque-se em uma posição confortável, relaxada, com os braços estendidos, sentado ou deitado.

O local deverá ser silencioso e tranqüilo, no qual se possa ficar pelo menos uns trinta minutos sem ser interrompido. Para se usar a meditação transcendental, é preciso utilizar-se de um mantra, que nos ajudará a fixar nossa atenção. Mantra é uma palavra que tem som, mas não tem imagem. Exemplo: se falarmos ou mentalizarmos a palavra copo ou cadeira, no mesmo segundo em nossa mente aparecerá a imagem de um copo ou de uma cadeira.

Se pronunciarmos o mantra universal "Haauumm", em nossa mente não surge nenhuma imagem, apenas sentimos o som. Não é preciso falar o mantra, apenas é preciso mentalizá-lo.

Não é estritamente necessário, mas pode ajudar, se for tocada uma música de fundo bem suave, baixinha, acender, se houver, uma lâmpada fraca que emita luz azul, colocar para queimar um incenso.

Coloque-se confortavelmente, sentado ou deitado, feche os olhos e inspire lenta e profundamente retendo o ar nos pulmões por alguns segundos. Expire lenta e pausadamente, até soltar totalmente o ar. Fique alguns segundos sem respirar. Inicie novamente o ciclo, repetindo-o por quatro ou cinco vezes... relaxe, relaxe...

Comece a mentalizar o mantra Haauumm...

Haauumm... Haauumm... e continue a mentalizá-lo. Quando vierem outros pensamentos à sua mente, afaste-os sem forçar, também sem forçar, volte a mentalizar o mantra, Haauumm... Haauumm... Haauumm... repetindo-o, repetindo-o. Permaneça assim, relaxando, afastando os pensamentos, repetindo o mantra durante cerca de quinze a vinte minutos.

Encerre a meditação enviando uma ordem ou programação ao seu subconsciente... (tela mental). Veja seus desejos sendo realizados, mantenha-se assim relaxado e sem mentalizar mais o mantra por no mínimo três minutos. Sinta-se feliz por estar vendo seus desejos sendo realizados. Ao final desse tempo, espreguice-se para sair de alfa e voltar ao normal (alfa é o estado de profundidade mental, de concentração. Nosso ritmo cerebral situa-se entre sete e quatorze ciclos por segundo, sendo o normal quando estamos em nível Beta localizar-se numa média de 21 ciclos por segundo). Toda programação mental que se fizer em nível Alfa sensibilizará de modo efetivo o subconsciente, por isso é chamado também de estado de oração.

Utilize essa técnica todos os dias. Se puder, duas vezes ao dia, de manhã logo após levantar-se, fazer suas necessidades e tomar banho e, ao retornar do trabalho, após o banho e, de preferência, antes de jantar (jamais a pratique se tiver ingerido bebidas alcoólicas).

Nesta época de muito estresse, muitas pessoas praticam a meditação transcendental logo após uma tensão forte, parando por trinta minutos no próprio escritório, desde que haja condição para tal.

Técnica de relaxamento

Tenha os mesmos cuidados da Meditação Transcendental, até praticar a expiração e inspiração profundas. Devagarinho, vá concentrando sua atenção em cada parte do seu corpo, relaxando-as uma a uma, devagar e suavemente, sem pressa, relaxando, relaxando. Exemplo: meu couro cabeludo está ficando relaxado... relaxado... relaxado... minha testa está ficando relaxada... relaxada... relaxada... (repita e sinta da mesma forma, em todas as partes de seu corpo o relaxamento... por três vezes cada uma). Minha nuca... meu rosto... minhas pálpebras... meu pescoço... meus antebraços... meus braços... minhas mãos... meus dedos...os músculos dos meus ombros... os músculos de minhas costas... os músculos de meu abdômen... meus quadris... minhas coxas... meus joelhos... minhas pernas... meus pés... os dedos dos meus pés... a minha garganta... meus pulmões... meu coração... meu estômago... os órgãos de meu abdômen...meus intestinos... meus órgãos sexuais... Minha mente, agora, está leve, límpida, em paz e calma, sinto em mim a serenidade de um lago azul...

Aproveite para enviar uma ordem ou programação ao seu subconsciente (por sua tela mental, você está em Alfa e em Alfa conseguimos mais facilmente nos comunicarmos e influenciar nosso subconsciente).

Fique mais alguns momentos nesse estado de relaxamento, de completa harmonia, vendo seus desejos sendo realizados. Espreguice-se para retornar ao seu estado normal.

Como na técnica anterior, realize-a duas vezes ao dia: ao levantar-se e ao chegar em casa depois do serviço.

Se estiver com insônia, sem conseguir dormir, às vezes no meio da noite quando acordamos e perdemos o sono poderemos praticar essa técnica colocando depois do relaxado... relaxado... relaxado... a palavra e com muito sono... sono... sono... para cada parte do corpo. Só não se espreguice, pois se o fizer poderá perder o sono. Se não conseguiu dormir, repita a técnica novamente até conseguir relaxar e dormir.

Existem, além dessas, as mais variadas armas para o combate ao estresse, mas, o mais importante é encontrarmos as que mais se coadunem conosco, pois, cada organismo, cada mente, reage de forma diferente dos demais.

Como exemplo, podemos afirmar que não fumar é muito mais saudável do que fumar, mas, se você for um fumante inveterado e não acredita que possa parar de fumar (se acreditar poderá), ao menos diminua o uso do fumo.

Veja com seu médico qual o seu peso ideal (não precisa ser o exagero do de um manequim), qual o melhor exercício para sua constituição física e encontre a sua fórmula de se manter saudável e feliz.

> Rir é o melhor negócio.
> Afasta o mau humor,
> o medo e a insegurança
> E só nos traz alegrias.
> Ria... ria à vontade.
> Viva de bom humor e seja
> Realmente feliz.

Rir é o melhor negócio

"Quem ri
Seus males espanta.
(provérbio popular)"

Apesar de tudo o que já lemos, ainda há pessoas que não sabem se alegrar, não sabem viver felizes, não sabem rir. São aquelas pessoas que vivem de mau humor.

O mau humor pode ter inúmeras causas e muitas delas alheias à nossa vontade. É claro que conscientemente todos gostariam de viver rindo, divertindo-se, mas, muitos não conseguem.

Algumas das causas do mau humor podem ser: a falta de melhor condição econômica, a insegurança da vida moderna, principalmente, para quem vive nas grandes cidades, a insatisfação no trabalho, com seu time de futebol (para os torcedores mais fanáticos). Nestes casos, o mau humor pode ser passageiro, mas, mesmo assim, o mal-humorado deve adaptar-se ao meio e deixar de ser tão exigente consigo mesmo ou com as circunstâncias ou outras pessoas que nos cercam.

Será que nossas expectativas e objetivos não estão exagerados ou estamos os exigindo a curto prazo e por isso ainda não conseguimos atingi-los? Analise e refaça prazos e expectativas, se for o caso, mas, saiba que com mau humor será mais difícil alcançar sonhos ou objetivos.

Em outros casos, o mau humor pode ser crônico: é quando a pessoa, mesmo não tendo motivo aparente, é mal-humorada, encontrando defeitos e criticando tudo. Quando o mau humor atinge esse ponto, torna-se uma doença e como doença deve ser tratada, procurando-se o profissional adequado.

Como doença, ele atua semelhantemente à depressão, tirando todo o prazer de viver, fazendo a pessoa agir com irritabilidade perante tudo na vida, até mesmo quando os acontecimentos são positivos. Normalmente, tem como desculpa o estresse para sua não-participação em eventos sociais ou profissionais.

Devemos lembrar que a irritação, a intolerância, a crítica contínua causam um efeito devastador sobre o humor do mal-humorado e dos outros à sua volta.

O mal-humorado, por se sentir rejeitado nos grupos, vê-se sempre como vítima das circunstâncias e, por isso, o mundo é culpado por seu estado.

Temos de ter consciência que cabe a cada um escolher a regra do ambiente: viver de bem com a vida, bem-humorados e, com nossa atitude, melhorar o ambiente ou nos tornarmos também mal-humorados.

Já foi provado que o bom humor beneficia a saúde, rindo ou gargalhando (é claro que nas horas certas, não vá querer rir no enterro ou na missa de sétimo dia de alguém que não vai pegar bem) o organismo produz a metaendorfina que traz a sensação de bem-estar, relaxando o organismo e fortalecendo as suas defesas, proporcionando boa saúde física e mental, melhorando nossa criatividade e capacidade de concentração. Tanto é verdade que as organizações já estão descobrindo o efeito positivo do bom humor nas empresas e adotando práticas para ampliá-lo.

Em contrapartida, como ficam as amizades que temos ou que pretendemos conquistar se estivermos sempre de mau humor? Péssimos, não é verdade? Ninguém gosta de conviver com pessoas mal-humoradas, que estão sempre criticando tudo: nem os amigos e nem a família.

Se estivermos de mau humor porque a nossa dívida aumentou, se continuarmos de mau humor ela vai diminuir? Claro que não e também não vai aumentar se ficarmos de bom humor.

E como o bom humor é saudável e, como vimos, aumenta nossa criatividade e capacidade de concentração, vamos curtir a vida e o bom humor, talvez até encontremos uma maneira de diminuir nossas dívidas.

Pensando nisso e seguindo os passos dos que pregam o bom humor como um dos ingredientes que podem levar-nos ao sucesso, estou colocando a seguir algumas piadas para que seu bom humor melhore ainda mais.

Se achar que não deu para dar boas gargalhadas, pelo menos sorria para exercitar os músculos de seu rosto.

Faça sua reflexão (não é piada de inglês para se pensar em casa) e dê boas gargalhadas...

Pequeno mal-entendido

Você, internauta, sempre que for enviar um *e-mail* tenha absoluta certeza do endereço, para que um mal-entendido não aconteça...

"Cansado do frio, um homem deixou as ruas cheias de neve de Chicago para merecidas férias na ensolarada Flórida.

A esposa estava viajando a negócios e ele planejava encontrá-la em Miami, no dia seguinte.

Quando chegou ao hotel, resolveu mandar um *e-mail* para a mulher. Como não achou o papelzinho onde havia anotado o *e-mail* dela, apelou para a memória e torceu para estar certo.

Infelizmente, a memória havia falhado.

A mensagem foi para a mulher de um pastor. Esse pastor havia morrido no dia anterior.

Quando ela foi checar seus *e-mails*, olhou o monitor, soltou um grito de profundo horror e caiu, dura e morta no chão.

Ao ouvir o grito apavorado, os membros da família correram e leram no monitor:
Minha querida esposa, acabei de chegar.
Foi uma longa viagem. Aqui tudo é muito bonito.
Muitas árvores e jardins...
Apesar de só estar aqui há poucas horas,
Já estou gostando muito.
Agora vou descansar.
Falei com o pessoal e está tudo preparado para sua
Chegada amanhã.
Tenho certeza de que você também irá gostar.
Beijos de seu eterno marido!
P.P. Está fazendo um calor infernal aqui."

Conversa entre pai e filho

"Conversa entre pai e filho, por volta do ano 2031...
— Foi assim que tudo aconteceu, meu filho...
Elas planejaram o negócio discretamente, para que não notássemos.
Primeiro, elas pediram igualdade entre os sexos. Os homens, bobos, nem deram muita bola para isso na ocasião. Parecia brincadeira. Pouco a pouco, elas conquistaram cargos estratégicos... Diretoras de Orçamento, Empresárias, Chefes de Gabinete, Gerentes disso ou daquilo.
— E aí, Papai? — Ah, os homens foram muito ingênuos. Enquanto elas conversavam ao telefone durante horas a fio, eles pensavam que o assunto fosse telenovela... Triste engano. De fato, era a rebelião se expandindo nos inocentes intervalos comerciais. "Oi, querida!", por exemplo, era a senha que identificava as líderes.
"Celulite" eram as células que formavam a organização. Quando queriam se referir aos maridos, diziam "o regime".
— E vocês? Não perceberam nada?
— Ficávamos jogando futebol no clube, despreocupados.
— E o que é pior: continuávamos a ajudá-las quando pediam. Carregar malas no aeroporto, consertar torneiras, abrir potes de azeitona, ceder a vez nos naufrágios. Essas coisas de homem.
— Aí, veio o golpe mundial? — Sim, o golpe. O estopim foi o episódio Hillary-Mônica. Uma farsa. Tudo armado para desmoralizar o homem mais poderoso do mundo. Pegaram-no pelo ponto fraco, coitado. Já lhe contei, né?
A esposa e a amante, que na TV posavam de rivais eram, no fundo, cúmplices de uma trama diabólica.
Pobre Presidente... Como era mesmo o nome dele? William, acho. Tinha um apelido, mas esqueci... Desculpe, filho, já faz tanto tempo...
— Tudo bem, papai. Não tem importância. Continue...

— Naquela manhã, a Casa Branca apareceu pintada de cor-de-rosa. Era o sinal que as mulheres do mundo inteiro aguardavam. A rebelião tinha sido vitoriosa! Então elas assumiram o poder em todo o planeta.

Aquela torre do relógio em Londres chamava-se Big-Ben, e não Big-Betty, como agora...

Só os homens disputavam a Copa do Mundo, sabia?

Dia de desfile de moda não era feriado.

Essa Secretária Geral da ONU era uma simples cantora. Depois trocou o nome, de Madonna para Mandona...

— Pai, conta mais...

— Bem, filho... O resto você já sabe. Instituíram o Robô-troca-pneu como equipamento obrigatório de todos os carros... a Lei do Já-pra-casa, proibindo os homens de tomar cerveja depois do trabalho... E, é claro, a famigerada semana da TPM, uma vez por mês...

— TPM?

— Sim, TPM... A Temporada Provável de Mísseis... É quando elas ficam irritadíssimas e o mundo corre perigo de confronto nuclear...

— Sinto um frio na barriga só de pensar, pai...

— Shhh! Escutei barulho de carro chegando. Disfarça e continua picando essas batatas..." (*Luiz Fernando Veríssimo*)

Freirinha

Um padre estava dirigindo seu carro para sua paróquia quando viu na estrada uma freira conhecida sua. Ele pára e diz: — Irmã, suba que eu a levo ao convento.

A freira sobe e senta no banco do passageiro, cruza as pernas e o hábito se abre, deixando uma perna escultural à mostra.

O padre olha e continua dirigindo. Numa troca de marcha, ele coloca a mão sobre a perna e a freira diz-lhe:

— Padre, lembre-se do Salmo 129.

O padre pede desculpas e continua dirigindo. E aquela pernona enlouquecendo-o.

Mais adiante, em outra troca de marcha, ele coloca a mão novamente sobre a perna da freira, que repete:

— Padre, lembre-se do Salmo 129.

O padre desculpa-se dizendo:

— Perdoe-me irmã, mas você sabe que a carne é fraca.

Chegando ao convento a freira, desce. O padre logo chega à sua igreja e corre até a Bíblia para ler o tal Salmo 129. Estava escrito:

"SIGA BUSCANDO, QUE LOGO ACIMA ENCONTRARÁS A GLÓRIA..."

Moral da história:

"Ou você sabe tudo sobre sua profissão ou vai perder as melhores oportunidades".

Os três filhos

Eram três filhos que saíram de casa, conseguiram bons empregos e prosperaram. Anos depois, eles se encontraram e estavam discutindo sobre os presentes que conseguiram comprar para sua mãe, que já era bem idosa.

O primeiro disse: "Eu consegui comprar uma mansão enorme para nossa mãe".

O segundo disse: "Eu mandei para ela um Mercedes zerado com motorista".

O terceiro sorriu e disse: "Com certeza ganhei de vocês dois.

Vocês sabem como a mamãe gosta da Bíblia, mas ela está praticamente cega e não consegue mais ler. Então mandei para ela um papagaio marrom raro que consegue recitar a Bíblia todinha. Foram 12 anos de treinamento num mosteiro, por 20 monges diferentes. Eu tenho que doar US$ 100,000.00 por ano para o mosteiro, durante 10 anos, mas valeu a pena. Nossa mãe precisa apenas dizer o capítulo e versículo que o papagaio recita sem um único erro".

Meses depois, os filhos receberam da mãe uma carta de agradecimento pelos presentes:

"Milton, a casa que você comprou é muito grande. Eu moro apenas em um quarto, mas tenho de limpar a casa todinha".

"Marvin, eu estou muito velha prá sair de casa e viajar. Eu fico em casa o tempo todinho, então nunca uso o Mercedes que você me deu. E o motorista também é muito mal-educado."

"Querido Melvin, você é o único filho que teve bom-senso para saber do que a sua mãe realmente gosta. Aquela galinha estava deliciosa, muito obrigada."

Homem x Mulher

Uma mulher vai seguindo de carro numa estrada. Um homem vai na mesma estrada, mas no sentido oposto.

Ao cruzarem-se, o homem baixa o vidro e grita: — VAAAACA!

A mulher imediatamente abaixa o seu vidro e responde: — COORNO!

Cada um continua o seu caminho, mas a mulher, que vai sorridente, ao entrar na primeira curva, bate direto em uma gigantesca vaca deitada no meio da estrada.

Moral da história: "As mulheres nunca percebem o que os homens querem dizer".

"Nada podes ensinar a um homem.
Podes apenas ajudá-lo a descobrir
as coisas dentro de si."
(Galileu Galilei)

Realmente, o grande Galileu continua com a razão.
Nada podemos ensinar aos outros, apenas
podemos fazê-los descobrir o
que ele já tem dentro de si.
Cada leitor deve descobrir o que tem de bom, de grande,
dentro de si e que, assim o descobrindo, passe a utilizar esses
valores, esses conhecimentos que são seus para seu próprio
benefício e para o benefício de seus semelhantes.

Encerramento

*"Às vezes faz escuro,
mas eu canto.
Porque um novo dia vai nascer."
(Thiago de Mello)*

Para encerrarmos esta obra, vamos fazer uma reflexão juntos. Se pesquisarmos com as pessoas que conhecemos, sobre qual é seu maior objetivo na vida, vamos verificar que, independente do nível social, sexo, raça, ideologia social, política ou religiosa, nossos conhecidos, como todo ser humano, possuem o mesmo propósito na vida: a felicidade.

E o que é, afinal, felicidade? Numa avaliação mais simplista, podemos dizer que é fugir do sofrimento em busca da alegria, de ser feliz.

Mesmo nessa avaliação simplista, podemos perceber que o caminho a percorrer não é nada fácil, aliás, é bastante complexo.

Podemos afirmar que a felicidade é um estado de espírito, mas, se deixarmos nossa mente confusa ou agitada, não serão os bens materiais que proporcionarão a felicidade que, em essência, significa paz de espírito.

Para tentarmos obter a paz de espírito, vejamos o que diz nosso amigo Omar Franceschi em seu artigo "Clareza e Ordem".

"Quando arrumamos nossos armários e gavetas, temos a agradável sensação de que ganhamos espaço, tudo fica mais claro, mais limpo e em ordem. Para isso, separamos o que é útil e necessário do que não usamos mais: selecionamos, avaliamos, limpamos, recuperamos, melhoramos e dispomos de maneira clara e organizada o que ainda nos interessa e encontramos uma maneira de abrirmos mão daquilo que já não nos serve. Nosso relacionamento com as coisas melhora, uma vez que fica mais objetivo e fácil encontrarmos o que precisamos, quando precisamos, sem perder tempo e energia.

Na correria do dia-a-dia, é possível que, com o tempo, acabemos por acumular coisas e mais coisas em nosso 'armário mental e gavetas emocionais', mantendo-as abarrotadas, confusas e desarrumadas até não conseguirmos mais identificar o que é nosso e o que recebemos dos outros, o que é fundamental e o que não é.

Quem sabe poderíamos adotar em nosso trabalho, por iniciativa pessoal e constante, o hábito da 'arrumação interna'. Reservar um tempo para realinhar nossos pensamentos, equilibrar nossas emoções, reorganizar nossos relacionamentos, aprimorar o autodesenvolvimento, eliminar tensões e pressões, 'jogar fora' o que não tem dado certo, criar o que funciona, substituir opiniões por atitudes, trocar medos e inseguranças por otimismo e motivação, anular reclamações, etc.

Explorar as gavetas da mente e das emoções é o mesmo que criar a vida que queremos viver e fazer do trabalho o que queremos que ele seja."

Podemos concluir que a receita do Omar é prepararmo-nos para a tão sonhada paz de espírito, ou seja, a felicidade.

O caminho poderá ser suave ou cheio de percalços, dependendo da trajetória de vida que cada um teve até aqui e deseja levar daqui para a frente.

Para alcançar essa paz de espírito, é preciso resolver nossos problemas, como tão bem coloca Omar, abrindo nosso baú interior e matar dentro de nós mágoas, dores, sejam velhas ou novas, antigas emoções e vícios, escolhas erradas, decepções, ingratidões recebidas, ódios escondidos, enfim, "limpar nosso baú".

É ainda não só ler ou ouvir cada página do livro, mas, fazer uma reflexão e interiorizar cada ponto, cada artigo, cada poema para alcançar a paz de espírito, que foi nossa intenção ao reunir neste livro os melhores poemas, artigos, leituras, crônicas, fábulas que encontramos e um pouco de nossa experiência.

Depois que limparmos nosso baú interno e fizermos nossa reflexão e interiorizarmos sobre o que lemos ou escutamos, temos de colocar esses novos conhecimentos em prática para finalmente podermos gritar "EUREKA".

E termos uma vida feliz...

"EUREKA!"... encontrei a felicidade.

BIBLIOGRAFIA

BARBULHO, Euclydes. *Eles Chegaram... A Saga dos Barbulho.* São Paulo: Edibarb, 1999.
BASTOS, Luizinho. *A Emocionante Aventura da Vida.* São Paulo: Editora Literarte, 2001.
BOFF, Leonardo. *Ética da Vida.* 2. ed. Brasília: Letra Viva Editorial Ltda., 2000.
CAMPOS, Marília de. *Momentos.* Edições Excelsior, 1983.
CARVALHAES, Ana Maria e SANTOS, Zita M. Poock de S. *Multiplique sua Capacidade Mental.* São Paulo: Madras Editora, 2001.
CERQUEIRA, Wilson. *Medite e seja Feliz.* São Paulo: DPL — Editora e Distribuidora de Livros Ltda., 2001.
COELHO, Paulo. *Maktub.* Editora Rocco Ltda., 1994.

LAMA, Dalai e CUTLER, Howard C. *A Arte da Felicidade.* 10. ed. São Paulo: Livraria Martins Fontes Editora Ltda., 2001.
LUZ, Daniel C. *Insight.* 3. ed. São Paulo: DVS Editora Ltda., 2001.
MINARELLI, José Augusto. *Networking.* 2. ed. São Paulo: Editora Gente, 2001.
MUSASHI, Miyamoto. *O Livro dos Cinco Anéis.* São Paulo: Madras Editora, 2000.
OSHO. *Mojud o Homem com a Vida Inexplicável.* São Paulo: Madras Editora, sd.
SHAKARIAN, Demos. *O Povo mais Feliz da Terra.* 8. ed. Rio de Janeiro: Editora e Livraria Adhonep, 2001.
DIVERSOS. *Filosofia Americana.* São Paulo: WVC Editora, 2001.

MADRAS® Editora — CADASTRO/MALA DIRETA

Envie este cadastro preenchido e passará a receber informações dos nossos lançamentos, nas áreas que determinar.

Nome _____
RG _____ CPF _____
Endereço Residencial _____
Bairro _____ Cidade _____ Estado ___
CEP _____ Fone _____
E-mail _____
Sexo ❑ Fem. ❑ Masc.   Nascimento _____
Profissão _____ Escolaridade (Nível/Curso) _____

Você compra livros:
❑ livrarias ❑ feiras ❑ telefone ❑ Sedex livro (reembolso postal mais rápido)
❑ outros: _____

Quais os tipos de literatura que você lê:
❑ Jurídicos   ❑ Pedagogia   ❑ Business   ❑ Romances/espíritas
❑ Esoterismo ❑ Psicologia ❑ Saúde   ❑ Espíritas/doutrinas
❑ Bruxaria   ❑ Auto-ajuda ❑ Maçonaria ❑ Outros: _____

Qual a sua opinião a respeito dessa obra? _____
_____

Indique amigos que gostariam de receber MALA DIRETA:
Nome _____
Endereço Residencial _____
Bairro _____ Cidade _____ CEP _____

Nome do livro adquirido: ***Eureka !!! ... A Felicidade !!!***

Para receber catálogos, lista de preços e outras informações, escreva para:

MADRAS EDITORA LTDA.
Rua Paulo Gonçalves, 88 — Santana — 02403-020 — São Paulo/SP
Caixa Postal 12299 — CEP 02013-970 — SP
Tel.: (0_ _ 11) 6959-1127 — Fax.:(0_ _ 11) 6959-3090
www.madras.com.br

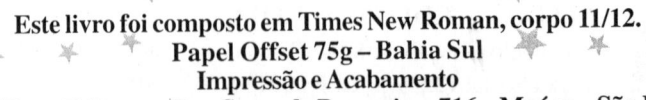

Este livro foi composto em Times New Roman, corpo 11/12.
Papel Offset 75g – Bahia Sul
Impressão e Acabamento
HR Gráfica e Editora – Rua Serra de Paracaina, 716 – Moóca – São Paulo/SP
CEP 03107-020 – Tel.: (11) 3341.6444 – e-mail: vendas@hrgrafica.com.br